笑いとユーモアのこころ

井上宏

Inoue Hiroshi

春陽堂書店

はじめに――笑いとユーモア

本書は、折々に私が発見して書きためてきた「笑いとユーモア」についてのエッセイ集です。「笑い」と「ユーモア」が同じ意味ならば、両者を重ねた言い方は、不自然と言わなければなりません。「笑い」と「ユーモア」は、同義的に使われる場合が多いのですが、両者にはちょっと違いがあります。書名の『笑いとユーモアのこころ』はそれを意識しています。

「ユーモア」は、英語の「humor」が元で、カタカナで書かれた外来語ですが、日本語として、すっかり定着しています。日常会話の中でもごく自然に使われていて、違和感がありません。「ユーモア」や「笑い」の表現だけで、済ますことができればよいのですが、「笑い」と「ユーモア」には、ちょっとした違いが感じられます。どういう点が違っているのでしょうか。

「ユーモア」の語源は、ラテン語の「フモール」(humor)に由来していて、もともとは、人間の体液(血液、粘液、胆汁、黒胆汁)を意味し、古くは、それらの体液のバランスが取れているかどうかで、人間の健康を診断したと言います。

私たちは、「ユーモア」という言葉を「笑い」と殆ど同義に、洒落や冗談、ジョークや滑稽話など、人を笑わせる原因となる表現(言葉やパフォーマンスなど)について使っています。

現在の英和辞典を引きますと、「humor」には、まず「滑稽」「おかしみ」の訳があり、次いで「気質」「気性」の意味もあり、そして、語源としての「体液」という訳も載っています。このことから、私は「ユーモア」という概念の中に、「滑稽」の他に人間の「人格」や「資質」までを含めて考えたいと思っています。

「ユーモアに富んだ人」「ユーモアが分かる人」などと言う時には、その人の「人柄」や「人格」などに言い及んで「ユーモア」を用いています。「滑稽が分かる人」とか「よく笑わせてくれる人」とか言う場合もありますが、その場合は、その人の「人柄」や「人格」にまで言い及んでいないと思われます。

第6章に「ユーモアのこころ」という章を設けていますが、この中で私がどんなことを意味しようとしているかを読み取っていただければ幸いです。この章では、直接的に笑っているわけではありませんが、こころの中に笑いが見えるという感じでしょうか、別に笑っているわけではないのですが、こころの中に「ゆとり」が見える、そんな人柄や人格、精神の状態を感じとったとき、そこには「ユーモア」があると言えるのではないでしょうか。ユーモアは、人間が体得すべき重要な「資質」「こころ」と言ってよいと思います。

「笑い」が起こるのは、通常は面白い対象があって笑うのですが、第8章の「神々への祈りと笑い」では、面白いことがないのに笑う「笑い」について書いています。自然の神々への奉納や祈りの時の「笑い」についてです。この種の笑いは、やはり「笑い」としか言いようがなく、「ユーモア」とは言えません。日本人の生活にとっては欠かすことができない笑いだと思います。

神々を想い浮かべる訳ではありませんが、自然を眺めて、例えば、流れ行く雲を見て、花が満開なのを見てなどして、一人で笑うことがあります。滑稽感があって笑うわけではありませんが、自然と笑みが溢れるというようなことがあります。こういうケースは、私は「ユーモアのこころ」の中に入れて考えました。

本書は、全10章で構成されていますが、個々のエッセイを似たようなカテゴリーで分類しましたら、目次のような分類になりました。考えてみますと、私がこれまでの「笑い学研究」で触れてきたテーマが並んでしまったという次第です。

エッセイが、発表の年月順に並んでいるわけではありませんので、エッセイを書いた年月をエッセイの最後に付記しました。書きました当時の時代や状況が反映されていますので、人名の肩書きなどは、当時のままであることをお許し願います。

私が70代に入ってから書いたエッセイが多いものですから、中には孫たちの話がよく出てきます。若い方々にとっては、孫の立場で読んでいただければありがたいです。

最近の社会情勢は、笑えないことが多くて困りますが、私たちは、生きている限り笑うことができる「笑う存在」なのですから、家族や職場、学校や地域社会など、それぞれの暮らしの中で、「笑いとユーモア」を見つけ出して暮らしたいものだと思っています。

目次

第1章　元気で長生きする健康力の源

快笑・快食・快浴・快眠

秋の「世界ハートの日」に、京都で「健康力の源」をテーマとしたシンポジウムがあった。「笑い」「食事」「風呂」「睡眠」の4要素から人間の「健康力」を考えるというシンポジウムで、私は「笑い」の報告で招かれた。

快眠からの目覚めは気持ちが良いし、いい湯に漬かった風呂上がりは疲れがとれ、おいしい食事は気持ちを豊かにし、親しい人との笑い合いは元気をもたらしてくれる。いずれも医師や薬の世話にならずに、人間が本来的に身につけている能力や免疫力を活性化することで、心身に癒やしと元気をもたらしてくれる。しかし、現実はどうかとなると、本来的に人間が持つ「感性」や「自然治癒力」の可能性には、まだまだ知恵が及んでいないようだ。

毎年9月29日を中心に「世界ハートの日」を決め、世界中で心血管系疾患への関心を高めるための催しが開催される。「世界心臓連合(World Heart Federation)」が、2000(平成12)年のシドニーオリンピックを機に、世界中の人々に心臓病と脳卒中に対する関心を高める目的で設けた日である。日本は、2005(平成17)年から参加。内容は、国や地域の機関によって企画され、市民公開講座、ウォーキング、スポーツイベントなどが催される。

私は、9月24日に京都で行われた「市民公開講座」に招かれた。公益財団法人体質研究会（理事長・鳥塚莞爾 京都大学名誉教授）が主催し、京都大学医学部の芝蘭会館で開催された。「健康の源」として「睡眠」「風呂」「食文化」「笑い」の重要性を探ったわけである。4人の講師が45分間ずつ受け持ちのテーマについて報告をして、最後に総合討論を行った。

「睡眠」については、塩見利明先生（愛知医科大学医学部教授）が「快眠は健康のもと、生活習慣病も防げる」と題して報告。ストレス社会にありがちな睡眠障害を指摘し、快適睡眠の重要性を説かれた。「風呂」では、前田眞治先生（国際医療福祉大学大学院教授）が、入浴の温熱作用が健康に良い理由、健康維持にとってお風呂が効果抜群の生活習慣であることを強調。「食事」では、平良一彦先生（琉球大学名誉教授）が、沖縄の長寿地域として有名な「大宜味村《おおぎみそん》」についての調査から、長寿の元としての食生活の特徴を紹介。

私はこれまでにも、「笑いと健康」というテーマで、医学系のシンポジウムに何度か参加してきたが、今回のような「睡眠」「風呂」「食文化」「笑い」の4つのテーマから健康を論じ合うというのは、初めての経験であった。私自身学ぶところが多かったが、「笑い」の重要性が認識されていたことがうれしかった。

私は、この日も「笑い」がいかに人間の元気に寄与しているかについて報告した。印象に残ったのは、よく眠れない人が増えているという塩見先生の話であった。「笑いの力」の可能性が、もっと認知される必要があると思った次第だ。よく笑い、偏食せず、いい湯に漬かって、良い眠りをとるということ、そんなに難しいことではないはずなのだが、この当たり前の営みが難しくなってきたという。

（2011年12月）

浸かってから笑うか笑ってから浸かるか

三重県名張市の希央台に天然温泉「癒しの里 名張の湯」が誕生した。温泉好きの私としては、すでに何度か訪れている。自宅から車で数分で行ける距離にあり、私にとってはありがたいくつろぎ場所ができた感じである。名張近辺には多くのゴルフ場があるので大阪の友人たちからは、ゴルフをすればよいのに、とよく言われてきた。ゴルフが苦手な私は、近くに温泉が多いので専ら温泉を楽しんでいると答えてきた。実際、この近辺の温泉にはよく出掛けている。私の健康法のひとつでもある。

先日、「名張の湯」の朝風呂に出掛けた。人は少なく、大きな湯船を独占したかのように露天風呂に漬かる。爽やかな風に吹かれ、澄み切った青空を見つめながら体をさらしていると、大きな自然に包まれたような錯覚に陥る。最近、こんなふうにして流れ行く雲をゆっくりと眺めたことがあるだろうかと思う。動く雲と会話をするような感覚。心身が深いところで癒やされていくような思いがする。

「名張の湯」では、落語会を開くという。面白い試みだ。10月15日に、桂米朝一門の若い連中が来演とのこと。出演は、吉の丞と小鯛。温泉が心身の癒やしに効果があることは言うまでもないが、「笑う」ことが、健康に良い効果があるという事実も広く知られている。湯に漬かってから笑うか、笑ってから湯に漬かるか。どちらにしても「快浴」に「快笑」が重なれば一層良いことがあるに違いない。

（２０１２年11月）

抱腹絶倒の笑い

笑いは良薬である、ということは古くから言われてきたし、今日でもそのように思われている。笑いと一口に言ってもどれぐらい笑えば「良薬」になるのか。笑いが体に及ぼす効果については、さまざまな実験が行われているが、どれぐらい笑えば効果があるのかはよく分からない。

駅のプラットホームでよく見掛けたものだが、女子高生4、5人がうずくまっておなかを抱えて笑っている光景があった。笑いが止まらなくて涙を流している人を見掛けたこともある。しかし、今では、みんながケータイをいじっていて、そんな光景を見ることもなくなった。あの抱腹絶倒はどこへ行ってしまったのかと思う。

コメディアンで有名な坂上二郎さんが、脳梗塞で倒れたが、約2年のリハビリをして、再び元気を取り戻した。そのリハビリの時に、大いに笑うことに努めたという。「笑いでも、おなかの底から笑わないと駄目ですよ。おなかを抱えて、苦しい、もう止めて！　というぐらいの笑いでないと」と、語っておられたのを思い出す。同じ笑いと言っても、おなかを抱えて笑う、いわゆる抱腹絶倒の笑いというのは、そんなに簡単に手に入るものではない。「あなたは普段の生活で笑っているか」と聞かれれば「笑っている」と答える人は多いと思う。しかし、抱腹絶倒の笑いをしているかと聞かれれば、「最近ではない」「何年間も経験したことがない」という答えが返ってくるのではないか。

健康にポジティブな影響を持つ笑いの効果は、医学的な実験によって検証され、いくつかの知見が発表されている。笑いはストレスホルモンを低下させる、NK細胞を活性化し免疫力を高める、血糖値を抑制する、あるいはまた眠っている遺伝子を目覚めさせて良い効果を生むなど。多くの科学的知見が知られるようになってきたが、その実験時に被験者がどれぐらい笑ったのかは測定できていない。想像するに、被験者たちは実験の目的を告げられているから、大いに笑おうとしたであろうし、また実験する医師たちの方は、笑える環境を用意したであろうから「大いに笑った」であろうと推測される。

私自身の例で言えば、一昨年の11月であったと思うが、「NHK上方落語の会」（NHK大阪ホール）で見た桂文珍の『不動坊』という落語を思い出す。面白くて抱腹絶倒したのであった。舞台に引き込まれ、おなかを抱えて笑ったのである。終演後は、拍手鳴りやまず、別にアンコールがあるわけではないが、観客はすぐには立てず、拍手を送り続けていた。

笑いが体に与える効果について問題提起をしたのは、ノーマン・カズンズという米国の著名なジャーナリストであった。自らかかった膠原病《こうげん》の治療に笑いを取り入れ、笑いに努めて病気を治したという。昔に見て抱腹絶倒した面白い映画やテレビ番組を取り寄せて見て笑ったという。どの程度笑ったかについては報告がないが、想像するにおなかを抱えて大笑いしたのであろうと思われる。ノーマン・カズンズは「ネガティブな情緒が人体にネガティブな化学変化を起こすのと全く同様に、積極的な情緒は積極的な化学変化を生じる」（松田銑訳『笑いと治癒力』岩波現代文庫、2001年）と書いている。

（2009年8月）

笑いの自浄作用と「オートファジー」

２０１６年の10月には「オートファジー」（Autophagy）という言葉が、新聞やテレビで大きく取り上げられた。この現象の解明で、東京工業大学栄誉教授の大隅良典さんが今年のノーベル生理学・医学賞に輝いた。

新聞の簡略化した説明では、「細胞が自らの中に溜めた不要な蛋白質を分解して、新たな蛋白質をつくる働き」という。分解した蛋白質を栄養源に再利用する仕組みが、細胞の中にあるというわけだ。「細胞内のリサイクル」とも言われている。

私はこの話を聞いて、こうした細胞の働きは「笑いの働き」と似ているところがあるような気がしたのである。自らが生み出したネガティブな（不必要）ものを吐き出すと同時にポジティブな（必要）ものを生み出すという仕掛けは、笑いがもつ仕掛けと似ているような気がしたのである。

「アッハッハ」と大きく笑うと、笑う前にあった自分が飛んでしまって、我を忘れた状態になり、「元気の気」が湧き出てきて、笑った後では笑う前とはちょっとは違った自分が現れる。この笑いの「自浄作用」をオートファジーのイメージに重ねて見ることが出来ないだろうかと思ったのである。

（２０１６年11月）

美味しい！と感じるこころ

12月は忘年会のシーズンだ。職場・サークル・家族などさまざまな集まりが、１年の憂さを忘れてしまおうと忘年会を開く。おいしい料理を食べ、笑い合って楽しいひと時が持てれば憂さも吹き飛んでしまう。放送中のＮＨＫ連続テレビ小説『ごちそうさん』で忘れられない場面があった。主人公の子ども時代で、かわいい子役が、満面の笑顔で「おいしい！」と漏らし、おいしさが体全体にあふれているようなシーンである。

私の初孫の1歳の誕生日のことであった。バースデーケーキを一口食べさせた時、孫は肩を震わせて食べ、もっと欲しいと手を出したのである。「おいしい！」と表現する言葉こそなかったが、体全体でおいしさを表現していた。

食べ物が「おいしい！」と感じるのは、とても大事なことだ。栄養が足りておれば生きてはいけるであろうが、人間には「おいしい！」と思う感動が必要だ。思わず「おいしい！」と言ってしまう時は、おいしさの感覚が体全体に広がっていき、その感覚は持続し、ニッコリとして、まるで夢を見ているような表情となる。

「おいしい」感覚の持続は、「笑い」の構造と似ていると思われる。笑っている最中というのは、笑っている対象に注意が集中し、我を忘れてしまっている。雑念が浮かべば、笑いは消える。「おいしい！」の感覚持続も同様と思われる。

「笑い学」の研究で、笑うとドーパミンという脳内神経伝達物質が分泌されるという報告がある。脳内ホルモンの一種で、愉快や心地よさ、やる気を起こさせてくれるというホルモンだ。思うに「おいしさ」も、「笑い」と同様にドーパミンの分泌につながっていると考えられるのである。

（2013年12月）

笑うとなぜ目が覚めるのか

新緑が映える5月となった。暑くもなく寒くもなく、しのぎやすい季節となった。「春眠暁を覚えず」とはよく言ったものだ。よく眠る。昼間でも眠気が襲ってくる。電車の中だと、振動が心地よく、すぐに眠気に誘われる。

先日、車中で向かいに座った若い学生が激しく〝船をこぐ〟ので、落ちはしないかと見ていたが、落ちそうになる寸前でピタッと元に戻る。私は何かの芸を見ているような気がして、思わず笑ってしまった。眠ってはいるが、熟睡の状態ではなさそうだ。どこかで覚めているのであろう。目的の駅に到着すると、ぱっと目覚めるのであるから、これも不思議といえば不思議である。

仕事や勉強中に眠気が襲ってきたらどうするか。そんな時、5分から10分程度眠ると効果があるそうだ。短時間眠ると、頭がすっきりするという。人にもよるのであろうが、私は若い頃から、いったん眠ると深く眠り込んでしまうので眠らないよう心掛けている。私の睡魔撃退は、とっておきの落語や漫才のテープを聞いて笑うことである。笑うと目が覚めるのである。

学生からよく聞いた話だが、試験前に徹夜で勉強しなければならない時、睡魔に勝つのに、深夜の「お笑い番組」によく助けられたという。「アッハッハッ」と笑うと睡魔が飛んでしまうのである。確かに笑うと目が覚めるのであるが、なぜ目が覚めるのかはよく分かっていない。それを考えだすと、私はますます眠れなくなってしまうので始末が悪い。

（２０１４年５月）

笑いヨガで汗をかく

３月12日、三重県津市の「アスト津」において、「みえユーモア支部」の研究会が開かれた。「みえユーモア支部」は、日本笑い学会の三重県における支部で、津市に事務局をおいて活動しているが、四日市市や鈴鹿市にも出掛けている。支部の誕生は、２０００（平成12）年３月で、名張市でも研究会が行われたことがあった。日本笑い学会の会員であれば、希望によって「みえ支部」の支部会員になることができる。私自身も支部会員であるのだが、参加できる機会に恵まれず欠席続きで、３月にやっと参加がかなった。支部会員は30名を超し、当日は25名の参加者があった。前日に東日本大震災があって、参加へのためらいもあったが、私は参加して良かったと思った。

事務局長の中村富美さん（看護師）が、大地震のニュースに触れ、全員で犠牲者を追悼し黙とうを行った。自宅において一人で追悼することも可能だが、仲間と一緒に追悼の場が持てたことはよかったと思った。みえ支部は、運営の理念として「癒やしやユーモアを含めた〝笑い〟の考究と実践を通して、会員相互で温かい気持ちを分かち合う会」を目指しており、「セラピー」のワークショップに力を入れている。音楽セラピー、ダンスセラピー、カラーセラピー、フラワーアレンジメント、落語などに取り組んでいる。

当日は、まず元高校教諭の今飯田保さんの指導によって「操体法の実践」を行った。健康でないのは、骨格にゆがみがあるからで、骨盤のゆがみが苦痛の元凶という。バランスを整えるのが何よりも重要であるということで、会場の全員が、自分の体でアンバランスな部分を確認して、バランスを回復するための「操体法」を試みた。講師の「生命現象はバランス現象だ」という言葉が印象に残る。私は、笑いもそうだと思った。まさに笑いは心身の傾きを元に戻すバランス剤なのだから。

2番目には、日本ハーモニカ芸術協会・公認指導員の中村健さんの話と実演があった。闘病生活からハーモニカにチャレンジし、指導員にまでなった人生経験を語り、その後、童謡や歌曲など数々の演奏を見事に演じてみせ、聞きほれてしまった。演奏者自身が演奏によって救われるプロセスが理解できたし、と同時に聴衆が演奏にうっとりと我を忘れてしまう音楽のセラピー効果も理解できたように思う。

３番目の実践者は、笑いヨガティーチャー（Laughter Yoga International認定）の福本登美子さんの指導で、会場の全員が輪になって「笑いヨガ」を行った。面白いことがあって笑うのではなく、動物の動きや日常の動作をイメージして、息を深く吸って「アッハッハ！」と笑いながら息を吐く。そして、何度も大きな息を吐く。例えば、当たった宝くじを友達に見せる場面を大笑いして演じるとか。私は初めてやってみたが、大勢でやるとできるものだなと思った。15分ほどやると、体が熱くなってきて、運動した感じになる。終わると全員が不思議と笑顔になっていた。

（２０１１年5月）

笑いを運ぶホスピタル・クラウンたち

ＮＰＯ法人「日本ホスピタル・クラウン協会」から5月の理事会報告が届いた。私も会員の1人である。ホスピタル・クラウンは、病院を訪ねて闘病中の子どもたちを元気付けるのが仕事である。とはいえ、どこの小児病棟にもクラウンが来てくれるわけではない。日本では最近になって、有志がＮＰＯ法人を立ち上げ、ボランティア活動として行われるようになった。欧米では１９８０年代に始まって、今では治療法の一部として認識されているという。

名古屋にプロのクラウンが集まる「プレジャー企画」という有限会社がある。その会社の代表が、自らもクラウンとして活躍する大棟耕介さんで、その彼がアメリカでクラウンの修行をしていた時に、ホスピタル・クラウンのことを知って帰国、小児病棟に笑いを届ける仕事に取り組みだした。病院がクラウンを歓迎しても予算はなく、全くのボランティア活動となるので、２００５（平成17）年にＮＰＯ法人「日本ホスピタル・クラウン協会」を設立した。このＮＰＯ法人立ち上げの時に、大棟さんが私の桔梗が丘の家を訪ねて来られた。私に名誉顧問を受けてほしいという依頼であった。プロとしてクラウン活動を続けながら、「病院の子どもたちに笑顔を運びたい」という熱のこもった説明を受けた。

子どもが長期入院で治療を受ければ、医師や看護師、付き添いの親たちの努力があるにしても、子どもの元気が失せていくのは避けられない。欧米の病院ではクラウン訪問は当たり前になっているのに、日本では、医療は先進的であるといわれながら、心の元気に配慮した手当てがないのが現実で、この壁を何とかしたいというのが大棟さんの願いであった。

入会のしおりに私は次のようなあいさつ文を書かせてもらった。「人間の心と体は一体で、体が病めば心も元気をなくす。体の回復には、心も元気になることが大事で、心のケアは忘れられがちとなる。『笑いは元気の素』と思っていても、病院で笑うのは難しい。とりわけ子どもの長期入院など、沈んだ子どもの心に笑顔を取り戻すのは容易ではなく、クラウンの手が欠かせない」。

大棟氏は、病棟での子どもたちとの接触を『ホスピタルクラウン――病院に笑いを届ける道化師』（サンクチュアリ出版、２００７年）という本にして出版。笑顔も無かった子どもたちに笑顔が復活し、元気な笑い声が響くようになる病室での話がつづられていた。子どもたちとの交流が感動的で、この本は評判となって反響を呼び、２００８（平成20）年にテレビドラマ化され、フジテレビで放映された。

脳腫瘍《しゅよう》で失語症にかかり、半年間全く言葉を話せなかった男の子が、クラウンの大棟さんと手品やバルーンで遊んだ。付き添いのお母さんが「ありがとうと言ってごらん」と呼び掛けると、たどたどしいが、ニコニコして「ありがとう」と声が出た。心に元気がつくことがどれだけ大事かを物語るエピソードである。協会は人材養成にも熱心で、協会認定のクラウン数が38人と増え、定期訪問病院も44カ所と増えた。こうした活動がぜひ日本に定着していってくれることを望みたい。

（2010年8月）

退屈しないことが大事

地元の桔梗が丘地区における年に一度の「高齢者の集い」が開かれた。80才以上の元気な人々で桔梗が丘市民センターの講堂が一杯になった。私もその一員として参加した。つい最近までは、「人生80年」と言われてきたのだったが、それは昔で、今は「人生100年」という言い方になるのではと思ってしまう。

1916年の全国統計での平均寿命は、男80・79歳、女87・05歳となっている。

この数字を見れば、「人生80年」は既に達成されてしまっているわけだから、「人生100年」が目標になってもおかしくはない。そうだとすると、私達は、80歳を越えても健康で生きなければならないわけだ。

そこで思い出したのは、世界最長寿で記録に残るフランスのカルマン夫人の言葉である。彼女は、1997年に122歳で老衰で死去するが、110歳で施設に入るまではコンドミニアムで生活していたという。彼女は「元気で長生きするには、退屈しないことと笑うことが大事」という言葉を残す。

地区の市民センターは、市民のさまざまな趣味活動の場となっていて、高齢者が増えるとともに教室の利用も増え、駐車場が満杯となるときがある。趣味を同じくする高齢者が、地域の集会所に集まって、「退屈せず」趣味に夢中になり、仲間とともに「笑い合う」ことは、高齢者に取ってはとても大事なな活動であることをあらためて思う。

（2017年7月）

高砂やこの浦舟に帆をあげて

観世流桔梗が丘謡曲同好会（会長辻井政教）が、去る3月5日（日）に春の発表会を桔梗が丘市民センターの和室で開催した。会員の高齢化が進んだためか、会員が3人となってしまったが、毎月3回の稽古を続けている。会員だけの発表会で、果たして来客があるだろうかと心配していたが、蓋を開ければ、和室に用意した席がほぼ埋まった。

発表は、素謡『高砂』、連吟『羽衣』、独吟『屋島』（辻井政教）、『百萬』（井上宏）、『勧進帳』（吉岡眞也）であったが、私達は、ちょっと変わった企画を考えた。通常の発表会では行なわれないが、「皆さんと御一緒に」というコーナーを設け、来客者と合唱したのである。『高砂』を取り上げ、その中の有名な一節を、リーダーが一節ずつ謡っては、皆が後を真似して追うというやり方で、「高砂やこの浦舟に」と「四海波静かにて」の2節を謡った。もちろん、詞章は事前にコピーをして配ってあったので、それを見ながら謡ってもらったわけである。

最後に、謡曲の呼吸が「笑い」の腹式呼吸と似ているところから、私が腹式呼吸と「爆笑」との類似性についての話をして、最後に、皆で「大笑い」して終わった。

（２０１７年４月）

１００歳の人に見る元気

人間が生まれて初めて見せる笑いは「新生児微笑」と言われる。何とも言えない可愛い笑顔で、これに気付いた母親は、思わず「可愛い！」と思う。微笑は、赤ちゃんの母親への本能的な働きかけ＝サインと考えられる。

この「新生児微笑」から始まって、「笑顔」は相手への働きかけとして重要なサインとなり、他者と共同生活を送る上で、とても重要な役割を果たす。いくつまで生きようとも、元気であれば笑いと笑顔が消えることはない。笑顔がないと他者への働きかけが難しい。

先日東京で、ある年金受給者たちの集会に出席する機会があった。年金受給者の集まりだから、自分を含めて当然高齢者の集まりであることを自覚していたが、ほとんどの人が私より年上に見えた。会長は、なんと１００歳の男性であった。

私のイメージの中では、100歳というのは、とても老いた感じであったが、眼前に見る男性が非常に元気だったので、このことに私はびっくりしてしまった。

昼食時に、たまたま私は会長の横に座ることになり、親しく話をすることができた。100歳の会長は、日常を論文の執筆に費やし、今年は100歳での出版を準備しているという。私には、これまで100歳の人と話をした経験がなく、緊張気味であったが、当人の爽やかな笑顔と陽気な表情に誘い込まれてしまう。耳が少し遠いのではないかと思われたが、そんなことを気にすることなく、よく笑われるのであった。「天衣無縫の無意識の笑い」とでも言うのであろうか。知的関心の強さとこの陽気さが元気の秘密ではないかと思われた。

（2015年6月）

「笑いの日」の制定を

今年の「体育の日」には、どこのテレビ局も高齢者が運動に励むシーンを取り上げていた。「元気で長生き」を実現すれば医療費の削減になり、介護保険料も下げられるという。「体育の日」なので運動の重要性が強調されたわけだが、「笑うこと」が「元気で長生き」に大いに関係しているところも強調してほしかった。
「笑い」が健康に資することは、かなり理解されるようになってきたと思われるが、笑いはウォーキングや体操のように習慣化するのが難しい。毎日決まって面白いことがあるわけではないし、面白くもないのに「ワッハッハ」と笑うだけでは、何か空しさが残る。どれだけ笑ったかを測るのも難しいし、笑いの質もさまざまで、「笑い」を「運動」と同じように扱うのは難しい。
しかし、笑いが健康に資する効果は、広く理解されるようになってきたので、私は「体育の日」と同様に「笑いの日」の制定をしてはと思う。その日は、一日中笑顔を絶やさず、悩みや怒り、失敗や後悔など全てのネガティブな気持ちを棚上げして笑うことに努めるというのはどうであろうか。

（２０１５年11月）

注：北海道では、２０１６年（平成28年）に「8月8日を道民笑いの日とする」要領を制定した。

第２章　笑顔の力

可愛い新生児の微笑

桜の花が散ると新芽が吹き出し、新緑が映えるようになる。山が薄緑色に色付いて明るい感じが出てくると「山が笑う」という。漫才なら「山が笑ったらやかましくて仕方ない」となってしまうだろうが、面白い表現だ。

柳田國男は、『女の咲顔』という一文のなかで、「エム」と「ワラウ」を区別して「咲顔」をエガオと読ませている。「咲く」は花のつぼみが開いて美しく光り輝くことを言うわけであるから、その感じを伝えようと思えば「笑顔」よりも「咲顔」の方がふさわしい感じがしないわけではない。

今年の花見は好天気に恵まれて、たっぷりと桜花爛漫《らんまん》を楽しむことができた。満開の桜の下を通り抜けるのは、何か別世界を通るかのような気持ちにさせられ、行き交う人々の顔には、笑顔が浮かんでいるようであった。花の「咲く」は人の心の「咲く」に通じるところがあるのかもしれないという気がしたものである。心が開いて思わずニコッとしてしまうのだ。

今では私たちは「笑顔」と書くし「笑む」「笑う」と全て「笑」の字で統一して

いるが、私はこれでよいのではないかと思っている。なぜなら「エム」と「ワラウ」を区別するのではなく連続的に捉えておきたいと思うからである。赤ちゃんが生まれ出て初めて見せる「微笑」から大人が哄笑《こうしょう》する大笑いまで、私は人間が潜在的に持つ「笑いの能力」がその時々の条件に応じて顕在化したものとして考えておきたいからである。

赤ちゃんが最初に見せる笑いは「新生児微笑」と言われる。その顕在化は、個人差があって、生後4日とか10日とか、さまざまであるが、微笑が現れるのは確かである。人種・民族を問わず、人類は一様にそうした微笑を示すと言われている。またこれに気付いたお母さんたちは「可愛い！」と反応するに違いないとされている。新生児微笑は、赤ちゃんが意図して発するのではなく、本能的に現れるものであるのだが、意味が無いわけではない。お母さんがどう受けとめるか、普通は「あ！笑った。可愛い！」と反応するはずなのである。赤ちゃんからすれば、お母さんに「可愛い！」と思ってもらいたいというサインを送っていると考えられる。お母さんに可愛がってもらわないと生きていけないからだ。周期的にサインは送られ続けるが、親が気付かず、かつ無関心であったら、子への愛情に問題が出てくるのではないかと思われる。

私の息子の妻に産院での経験を聞いたが、「新生児微笑」については、スタッフの誰も注意を促してくれなかったという。笑顔を通じての母子の相互作用がとても大事な母子関係を築いていくのだから、母親へのインストラクションに「新生児微笑」を見守るようにとの注意喚起があってもよさそうにと思ったものだ。

エラスムス（1467－1536）は『痴愚神礼讃』（渡辺一夫・二宮敬訳、岩波文庫、1954年）の中で書いている。「注意深い自然は、生まれたての嬰児《えいじ》にこういう魅力を与えて、嬰児を育てる人々の苦労を楽しさでつぐなえるようにし、おとなたちの保護をまんまと手に入れられるようにしているのです」。

（2009年6月）


笑顔いっぱい！ 元気いっぱい！ 勉強いっぱい！

最近の広告では、「笑顔」の文字が目立つようになった。会社もサービスも笑顔を強調し、「笑顔のある職場」「笑顔でありがとう」「笑顔が待っている」など、まるで「笑顔キャンペーン」のような感じすらある。笑顔は、まずあなたを歓迎していますという意味を伝えるし、笑顔で迎え入れられたら気持ちがよい。笑顔のある空間は明るいし、開放的な感じがする。しかし、中には「職場マナー」として、仕方なく笑顔を作っているという人もいるかも知れない。人とのあいさつでは、まず笑顔は欠かせない。しかし、ケータイでの交信は、大体があいさつ抜きである。笑顔マークを入れても、現実の笑顔とは大違いである。あいさつに笑顔を忘れてしまう風潮が出てきたので、広告にも笑顔を強調するコピーが増えてきたのかもしれない。

日本笑い学会では、毎年7月に年次総会をするのだが、今年は仙台の東北大学で7月11日と12日に行った。研究発表が20本、ポスター部門が5本、シンポジウムは「教育と笑い」がテーマ、記念講演が東北大教授の仁平義明氏による「心の回復力とユーモア」についてであった。笑い学会が他の学会と違うところは、真面目な研究発表の最中でも笑いが起こるというところではなかろうか。客席の反応が敏感なのである。難しい発表でも笑いがあると最後まで聞いてしまうから不思議である。

シンポジウムは、宮城県の現場の先生方が集まっての議論であったが、小学校の校長をされていた先生の報告が一番印象に残った。かなり荒れていた小学校で「学級崩壊」とか「モンスター・ペアレント」などが取りざたされていた時に、校長に就任。教室を、学校をいかにして立て直すかに奮闘されるが、ある方針を立て、信念を持ってそれをやり通して学校を変えたという話であった。その方針とは「笑顔いっぱい！元気いっぱい！勉強いっぱい！」で、これを事あるごとに叫んで児童を巻き込んでいったという。最初の「笑顔いっぱい！」もそんなに簡単ではなく、毎朝校長が校門に立って、「笑顔いっぱい！」を叫んであいさつをすることから始めたそうだ。教室の授業でも大声で「笑顔いっぱい！元気いっぱい！勉強いっぱい！」を笑顔いっぱいで語り掛けたという。

もちろん、他の先生も同調し、全児童が「笑顔いっぱい！元気いっぱい！勉強いっぱい！」に巻き込まれ、学校全体が見事に変わっていったという。

「笑顔いっぱい！」なら誰でもが言えたかもしれないが、それに「元気いっぱい！」と「勉強いっぱい！」をくっつけ、一言にまとめ上げ、覚えやすいフレーズにしたところがすごい。当然実践の苦労はあったであろうが、語調のよい一語が全児童を巻き込んでいったのは見事と、感心した。

笑顔がいっぱいであれば、無理に笑顔を作り出したとしても心に笑顔を引っ張り出してくれるエネルギーが湧いて、それが元気エネルギーとなる。それが発散して他者のエネルギーと共鳴すると、一層大きなエネルギーとなる。子どもたちが元気いっぱいの明るい空気を生み出せば、勉強にも「がんばるぞ！」とやる気が生まれるわけだ。

（２００９年９月）

何にもデーケンです

日本の社会は「名刺社会」とも言われ、名刺をよく使うが、名刺をよく見て、相手の名前を即座に覚える人は少なく、どちらかといえば、すぐにポケットに入れて型通りのあいさつだけを済ます人が多い。

私のように、すでに退職して個人で活動している者は、名刺は自分で用意しなければならない。私の場合は、自分流にパソコンで作っている。特徴として、右肩に自分が所属する「笑い学会」のロゴマークを入れている。男と女が向かい合ってニコッと笑い合っているイラストである。単純なイラストなのだが、名刺交換すると、これがちょっと人目を引いて、「笑い」が話題となって、いきなり会話が弾むこともある。

上智大学名誉教授にアルフォンス・デーケンというドイツ人の牧師さんがいる。『ユーモアは老いと死の妙薬』（講談社、1995年）という「死生学のすすめ」の本を書いた著者で、ユーモア研究者としても有名である。

私は、これまでに何回となく会っている先生なのだが、お会いするたびに、「私は何にもデーケンです」と笑いながら名刺をくださる。2度目の時は気が付かなかったのだが、3度目には、先生は、「何にもデーケンです」を言いたいがために名刺をくださるのではないかと思ったものである。「何にもデーケン」に思わず笑ってしまうのである。まず「何にもデーケン」に謙譲の意味を込めて、それが名前の「デーケン」とうまくしゃれになっているところが愉快で、それを共に笑い合ってみると、一気に親しい関係が出来上がってしまうのである。（2014年8月）

子どもが迷う笑顔のあいさつ

先日、自宅近くの桔梗の森公園の中の細い道を一人で歩いていると、前から、小学1年生ぐらいの男の子が走ってきた。細い道ではあったが、子どもとすれ違って歩けないことはないので私が片側に少し寄った。しかし、その男の子は、途中で止まり、私と顔を合わさないように、後ろ向きに端の方に寄ってしまった。私は軽く「こんにちは」と声を掛けて通り過ぎた。しばらく歩くと、後から大きな声で「こんにちは！」の声が返ってきた。先ほどの子どもの声であった。「ああ、良かった」と思う。

子どもたちは、学校でも家庭でも、見知らぬ人との出会いを警戒するように教育されているのだなと思ったが、子どもの心が痛んでいるのを知る。私の孫で大阪市内に住む小学1年生のケースであるが、学校外では、制服の左ポケットの前の名札をポケットの中に入れて、見えないようにしている。私が「どうして？」と聞くと、「学校から出たら、隠すように言われているの」と言う。見知らぬ人には名前を覚えられないようにという配慮である。街の中には「不審者」がうろついていて、小さい子どもたちは、いつも用心を強いられているわけである。

私の妻が、近鉄電車に乗った時、かわいい女子小学生のグループがいたので、あいさつの声を掛けた。すると、さっと子どもたちは逃げるように遠ざかってしまう。しばらくすると、代表格の女の子が「先ほどはごめんなさい。学校では、話し掛けに応じないように注意されていますので」と断ってきたという。

現実には、子どもたちの誘拐や殺人など、「不審者」による事件が相次いでいるから、子どもたちの用心は大切だ。しかし、大人の方は、無視されても「笑顔であいさつ」を欠かさないようにしたい。

（2014年3月）

子ども達の笑顔が社会を照らす

今夏の思い出で忘れられないのは、宮城県石巻市で開かれた「日本笑い学会」年次大会への参加である。石巻市はあの6年前の東日本大震災で、多くの死者を出し、壊滅的な被害を受けた街である。そこでは大震災以前から笑い学会の「石巻支部」があり、震災後も活動を続けていて、今夏の7月15、16の両日に年次大会を開催するに至った。全国から約150名の参加があった。

支部は震災前に、石巻専修大学教授の亀山紘氏を支部長にして発足。氏は震災前の選挙で市長に立候補して当選、その後に大震災が襲う。まさに街全体が修羅のなか、2期目の市長を継続し、今年に入って3期目の市長に就任。修羅からの脱出と復興を目指して6年余が経ったわけである。

大会は石巻専修大学で行なわれ、記念講演には、支部長であって市長の亀山紘氏が「被災地 石巻に笑顔を取り戻すために」で講演。深く印象に残ったのは、「子ども達の笑顔」の強調であった。子ども達の笑顔が、子ども達にとってばかりでなく、大人達にとってもいかに大事なものか。子ども達の笑顔が社会を照らす。「笑顔を取り戻す」ことが復興への道だという言葉が強く印象に残った。（2017年9月）

自然への感謝と満足の笑顔

最近のテレビでは、地域の珍しい郷土料理や工芸品などを紹介する番組が多い。

6月12日、NHKの番組『わがまちえぇトコ自慢』で、滋賀県東近江市の〝えぇトコ〟が放送された。偶然目に留まって、最後まで見てしまった。番組としてはよく見掛けるものではあったが、そこに登場する地元の人々の「笑顔」に引きつけられてしまう。

物産にしろ料理にしろ、珍しいものではあったが、何が一番印象に残ったかと言えば、それを提供する人々の笑顔であった。単に客を歓迎しているという笑顔ではなくて、それを超えて何かもっと深い、そこで生きる人々の生き方を表しているような笑顔に思われた。

タレントのモト冬樹と川原亜矢子が、東近江市の愛知川《えちがわ》を河口から源流にさかのぼって、土地の物産をその生産に携わる人々の声とともに紹介していく。ヨシズのすだれ、近江ちぢみ、どろがめ汁、永源寺こんにゃく、フナの刺身、水出し玉露などの紹介があったが、いずれも土地の長い伝統を継いだ産物である。その全てが、愛知川の清流ときれいな地下水のおかげで生き続けてきたのだが、従事している人々がみんな、異口同音に「水への感謝」を語っていた。土地の人々にとっての「きれいな水」の存在感の大きさが伝わってきた。そして「水への感謝」はまた、それとともにある「生活への満足」を表しているように思われた。自然の命とつながって生きており、その感謝の心が、生活を支え、生活を誇りに思う気持ちにつながり、それが深い笑顔になって表現されているのだろうと思わせられた。

（２０１５年７月）

おばあさんの笑顔

個人差があるが、人は歳を重ねるに従って、心身ともに弱っていく。忘れっぽくなり、周囲から「ぼけてきた」とか言われ、歩く足も頼りなくなる。やがて車椅子での生活となったり、寝たきりとなったりする。そして、介護師さんや介護施設のお世話になる。

今は亡き人になってしまった家内の母親が、高齢で介護レベルが5で、寝たきりになってしまったときのことである。家内の姉家族が世話をしていて、時々デイケアーやショートステイの施設のお世話になっていた。私たち夫婦は、よく自宅や施設を訪問した。話すことが不自由であったし、一見したところ、肉親の識別もあやしいかなと思われるところがあったが、機嫌のよいときには、笑顔が溢れていた。

私たち夫婦は、いつもよく話しかけた。施設を訪ねるときは、昼食時を狙って訪問し、食堂にいる母親を、お天気がよければ、車椅子のまま屋上に引っ張り出し、私たちの手で食べさせることをした。家内が、母親の好きな料理を作っては持って行った。春先のお天気の良い日などには、太陽の光も心地よく、さわやかな風に吹かれて食事をしてもらった。そんなときには、母親の食欲も旺盛で、おいしく食べてくれる姿を見ては、私たちを喜ばせてくれた。たまに味つけがよくないものがあると、母親は食べてはくれなかった。それも味覚が生きていることを示すことで、私たちは笑って喜んだ。

やさしく話しかけると、母親はニコッとして応じてくれる。言葉での反応がなくても、この笑顔は、母親は分かっていることの証拠だと思った。私たちと母親とのコミュニケーションは、まさに笑顔と笑顔であった。それで全てが通じ合えているという気がした。母親が、私たちに意思を伝える手段としては、表情と握り合った手の感触があった。時には、首を横にふったりうなずいたりすることで、イエスかノーの意思を伝えることがあったが、いつもは表情で話しかけているようであった。私たちは、話しかけるとき、顔を見つめながら手を取って話をするのだった。何かを伝えようとして、声が漏れ聞こえ、時には判別できるときがあった。笑顔を見せての表情は、目の表情とともに微妙に変化を見せたが、それも違ったメッセージを送ってくれているように思われた。

人間が生まれて初めてみせる笑顔は新生児微笑と呼ばれる。何の穢れも知らないその笑顔は、何とも言えない魅力をたたえている。親はそれを見て「笑った！笑った！」と喜ぶ。この笑顔は、この世にやってきての挨拶かも知れない。やがてそれは、コミュニケーションとしての笑いに発展する。

もし老母に笑顔が無かったとしたら、私たち子どもは、どんな風に接してよいか分からなかったと思う。最期まで笑顔を絶やさなかった彼女は、心に笑いを持っていた人と言えるし、コミュニケーション手段を失わなかったと言える。笑顔が絶えたときに命も絶えたのであったが、笑顔を最期まで失わなかったということは、人間として精一杯生きた証ではないかという気がしたのであった。新生児微笑に対して、最期の笑顔は、何と言えばよいのであろうか。

（２００３年４月）

キープ・オン・スマイリング

早く目が覚めると、枕元にあるラジオを聞くことがある。そんな時、ついＮＨＫ第２放送に合わせてしまう。昔は語学のレッスンで随分お世話になったからであろうか。初めてのアメリカ留学の前には、『ラジオ英会話』を録音してテープを持ち歩いて聞いたものだ。

実際にアメリカの大学で生活を始めだすと、聞いたことをまねることが大事だと分かってくる。今でも思い出すのだが、とても気に入ったあいさつがあった。友達と立ち話をしたり、歩道ですれ違ったりした時に「Have a nice day !」と言う。私は、このあいさつがとても気に入っていた。慣用語としてのあいさつ表現ではあるが、外国人の私としては、これから緊張の一日が始まるという時、「素晴らしい一日を！」と言われると、励まされたような気になったものだ。

先日、早朝の『ラジオ英会話』を聞いていて、私はうれしい思いをした。講師の遠山顕さんが番組の最後で「キープ・オン・スマイリング！（Keep on smiling !）」と言う。別れのあいさつでは、「Good-by」、「So long」、「See you again」などの言い回しが一般的だと思うが、「Keep on smiling」もなかなか良いではないかという気がする。「いつも笑顔で」「笑顔でやっていこうね」といった意味が響いてくる。日本語では、「頑張って！」という言い方になるのであろうが、そこを「スマイリング」と言っているところが素晴らしい。

（２０１３年2月）

第3章　笑いの「和」と「輪」

笑いは明るい空気を作る

笑う門には福来たる。この言葉は、いつ頃から言われるようになったのか分からないが、なかなか味の深い言葉で、私の好きな言葉である。まず「笑い」が先にあって、笑うから、その後に「福」がやって来ると言っている。「福」が先にやって来て、それから「笑い」が起こるのだとは言っていないのである。

普通なら、何かハッピーなことが先に起こって、そうだからこそ「笑い」が生じるのだと考える。私たちの普段の生活はそういうことになっているのではないか。試験に合格できた、就職ができた、ハッピーな結婚ができた、仕事で褒められた、良き友人に巡り合えたなどなど、ハッピーなことが起こると、当然のことながら満面に笑顔が浮かぶし、笑って会話も弾むことになる。しかし、ハッピーなことは得てして長続きしない。

現実の世界では、ハッピーなことはそんなに起こらないのが普通である。人によったら、ここ数年はハッピーなことに出くわしたことがないとか、どちらかといえば、不幸な目にばっかりあっているという人が多い。良い成績はとれず、就職試験には失敗するし、給料はカットされるし、貸したお金は返ってこないとか、祝福された結婚がすぐに破綻《はたん》したり、現実にはアンハッピーなことに見舞われることが多い。

耕さない土地が荒れるように、私たちが生きる現実世界は、良くしようと努力していても荒れがちになる。アンハッピーなことが次から次へと押し寄せる。毎日のニュースを聞いていても、どうしてこんなに不幸なことが毎日起こるのかと不思議な気さえしてしまう。福を求めて努力していても、福がやって来るのは極めてわずかで、専ら不幸に出くわすことが多い。ハッピーなことがあって笑いがやって来るというのであったら、普通の人間はほとんど笑うことがないということになってしまう。それでは困るわけだ。

そこで、まず笑いが先にあるのだと考えればどうか。まず笑うのである。そうすると気が明るくなり、元気もつき、人様にも明るい印象を与えることができる。笑いが自他を含んで明るい空気を作り出してくれる。ここが大事な点で、明るい空気が周りにできれば、その明るさに誘われて人が集まり、会話も弾み、交流が起こり、人間関係が発展する。そういう流れが福をもたらしてくれるわけだ。「笑う門には福来たる」のである。

3月8日、三重県の名張市武道交流館で「名張市障害者相談センター　なびっと」主催の「ともに生きる〜トーク&コンサート」の催しに招かれた。「障害のある人もない人も共に暮らしやすい街を目指して」が、催しの趣旨であった。

私は、まず「笑い」が先にあることの重要性について話し、そうすることで、自らを元気付け、明るい空気を呼び込むことが大切ではないかと話した。福が先にあって、与えられるのを待っているのではなくて、自らが先に笑うわけである。

「笑うのは幸福だからではない。むしろ、笑うから幸福なのだと言いたい。食べることが楽しいように、笑うことが楽しいのだ。だが、まず食べることが必要である」（アラン著、串田孫一・中村雄二郎訳『幸福論』白水社、1990年）。（2009年5月）

春の選抜野球開会式の感動

春の「選抜高校野球」が3月21日に始まった。東日本大震災から1年と10日が経って、どんな開会式になるのか、私は期待を持ってテレビを見つめていた。

被災地の石巻工業高校の主将が選手宣誓を行った。被災の中から立ち上がり、試合に臨む覚悟を述べた。「日本中に届けます。感動、勇気、そして笑顔を。見せましょう、日本の底力、絆を」の言葉は心に響いた。その日のテレビニュースでも、この選手宣誓の言葉が何度も取り上げられた。翌日の新聞では、その全文も紹介された。確かに例年には見られない感動的な選手宣誓であったと思う。

開式にあたって、私には、もうひとつ感動的なことがあった。しかし、なぜかテレビも新聞も一切触れることがなかった。それは、開式を告げる国歌を歌った女子高生についてである。ソプラノの独唱が高らかに大空に広がった。選手も観客もそれに唱和してという案内があったが、テレビからは、女子高生の澄んで響き渡る『君が代』が聞こえてきた。なんと澄んだ清らかな声であろうか。胸に染みるものがあった。日本人の「絆」を感じさせる瞬間ではなかったか。共通の感動が球場全体を包み込んだように思われた。

石巻工業高校は、惜しくも1回戦で敗退したが、その熱闘ぶりは爽やかであった。

ゲームは、予想通りにはいかず、往々にして追いつ追われつの熱戦となる。その頑張りの果ての球児たちの笑顔は、「日本の底力、絆」を確かに日本中に届けたと思う。

（２０１２年５月）

まちづくりに笑いの「和」と「輪」

２月17日、愛媛県新居浜市の「笑いサミット」という催しに参加してきた。今年が第３回目で、「笑って元気なまちづくり」というのがテーマであった。主催は新居浜市だが、日本笑い学会四国支部が共催で手伝いにまわっていた。３部構成で、１部は私が「いのちに元気をつける笑いの力」という演題で講演。２部は、落語の実演で、四国支部長の芸乃虎や志《げいのこやし》さん（実は財団新居浜病院副院長で精神科の医師、枝廣篤昌さん）とその弟子の芸乃鵜飼《げいのうかい》さん（実は病院に勤務、安達友貴さん）の２人。３部は、地域の自治会や老人クラブ、社会福祉協議会の会長さんらによるパネルディスカッションで「笑いによるまちづくり」が話し合われた。

市民の関心は会を重ねるごとに高まって、いつもなら市民文化センターの中ホール（約５００人収容）になるのだが、申し込みが多くて大ホール（約１２００人収容）に切り替えられての催しとなった。

私が特に注目したのは、２部の落語公演と３部の地域代表者によるパネルディスカッションの組み合わせであった。落語で市民に笑ってもらう場を地域に増やし、しかし落語だけが目的なのではなくて、地域の課題を同時に語り合う場にしていくという試みである。集会に落語が入ることで、これまで集会に顔を出さなかった人々が訪れ、落語で笑うことにより、場が打ち解けて集まりがよくなったという報告があった。落語会ではない、「落語で笑ってのまちづくり」と言ったらよいのであろうか。

集会に落語を入れるというが、誰が落語を演じるのか。下手な素人落語では人は笑いもしないし、退屈するだけである。ところがこの新居浜市では、素人が演じて、聴衆を笑わせる。それだけの技量をもった素人落語集団が組織されているのである。新居浜市までプロの落語家を招く費用もなし、では自分たちでということから始まったのであろう。これが驚きだった。

落語集団のリーダーが、精神科の医師の芸乃虎や志さんで、彼は愛媛大学医学部の卒業だが、学生時代に落語をやっていて、本業に就いてからも稽古に励んで、今では、「全日本社会人落語選手権大阪本選」の年度優秀賞を取るほどの芸の持ち主である。プロの上手に匹敵する腕前で、その彼が落語好きの人を集めて、人前で演じられるまで稽古をつけているのである。弟子ということになるが、現在8人が稽古に励んでいるという。市民に笑ってもらう機会を作るために「新居浜で落語を聴く会」を主宰し、時々落語会も開く。

芸乃虎や志さんは、精神科の医師でありながら人々を笑わせる術を心得て、パネルディスカッションの司会も担当、地域の課題を論じながら笑いの輪をうまく作っていくのに感心させられた。当意即妙のユーモアを発するというのは、とても難しいことだが、笑いの「和」ができると、そこにはおのずと「輪」が広がる。地域では、さまざまな市民の団体活動が行われているが、芸乃虎や志さんたちの落語集団が単に落語の紹介に終わるのではなく、地域に笑いの「和」と「輪」を作り出していることに感銘を受けた。

（2010年4月）

こんにちは！の大きな声

今年の夏の甲子園では、三重高校が決勝戦まで勝ち進み、三重県全体が大いに盛り上がった。結果は準優勝で終わったが、県下の高校球児に与えた影響は大きかったと思う。

今夏の後半は、天候不順で甲子園の試合も順延されるという状態で、家にこもる日が多かった。準優勝の興奮も少し収まった8月の末、私は名張桔梗丘高校の方へと向かって散歩をした。グラウンドでは、野球部が懸命の練習をしていた。三重高校の影響もあったであろうか、声も大きく実践さながらの熱が入っているように思われた。私は、グラウンドと団地の間の路上に立って、しばらくその様子を眺めていた。

道はグラウンドよりも一段高い土手の上にあるから、グラウンドで練習する若者たちがよく見える。彼らの動きを含めて、校舎も周辺の家並みも見渡せ、「コミュニティー」を実感させてくれる景観で、私の好きな場所である。

その日は、野球部の他にサッカー部、テニス部が練習をしていた。野球部の横では、軟式のテニスコートで大勢の男女が、元気な声を上げながら打ち合っていた。私が、道の上から彼らの活発な動きを見ていると、コートの中にいた女子生徒の一人が、不意に私の方を振り向いて、「こんにちは！」と大きな声を掛けてくれた。その声があまりに大きかったので、私の方がびっくりする。反射的に声を返したのだが小さかったようだ。私は大きな声を出すべきだったと後悔した。「こんにちは！」の声はコミュニティーの人と人とのつながりなのだから。（2014年10月）

注：2018年3月末で「名張桔梗が丘高校」は45年の歴史に幕を閉じ、「名張西高校」と合併して「名張青峰高校」となった。

落語の「一店一席運動」

大阪府池田市の「落語みゅーじあむ」に行ってきた。阪急宝塚線の池田駅で下車、駅前の「栄町商店街」を北に徒歩で7分ぐらいのところにあった。町並みには、「落語みゅーじあむ」の小型ののぼりが立てられ、町全体が「落語みゅーじあむ」

を応援しているという感じ。池田市が２００７（平成19）年４月に設立した資料館で、正式名称は「池田市立上方落語資料展示館」という。

一度のぞいてみたいと思っていたところ、関西大学の私のゼミ卒業生の１人が、関西大学の「落語大学（落語研究会）」出身者による落語会が開かれるというので誘ってくれた。私自身、関大在職中は「落語大学」の顧問を務めていたことがあって、卒業生の顔も名前も忘れていながら、懐かしさもあって見に行った。プログラムに書かれていた芸名を見ていると、かすかに昔の思い出がよみがえってきた。確かに上手な学生がいたのである。今ではもう50代になるのであろうか、社会人とは言いながら立派な出来栄えに圧倒される。『道具屋』『景清』『崇徳院』などが演じられたが、大いに笑わせてもらった。

「落語みゅーじあむ」では、社会人や大学の落研だけでなく、時にはプロの落語家も登場する。この「みゅーじあむ」を核として、商店街の空きスペースや商店内のスペースを使っての落語会が開かれる。商店街をよく見て歩くと、店頭に「おたなＫＡＩＷＡＩ」と書いた「高札」を建てている店があるのに気が付く。「おたなＫ

ＡＩＷＡＩ」参加店の目印なわけである。

実は、この「おたなＫＡＩＷＡＩ」の企画推進者が、関大の落語大学で、お囃子《はやし》を担当していた卒業生で大変な落語好き。現在は、笑いをテーマに「商業活性化アドバイザー」や「ユーモアコンサルタント」の肩書きで活躍する。池田市の栄町商店街と組んで、「おたな（お店）ＫＡＩＷＡＩ（界隈）」として「落語の一店一席運動」を進めたのである。商店街の活性化はどの地域でも課題で、さまざまな企画が試みられているが、「落語の一店一席運動」は、池田市が唯一ではなかろうか。ここには『池田の猪買い』や『池田の牛ほめ』の有名な噺《はなし》があり、初代・二代目桂春團治の碑もある。また桂三枝（現：桂文枝）師匠が池田の住民で「落語みゅーじあむ」の名誉館長でもあるとあって、池田市が落語に縁のある町であることは確かだ。

私が面白いと思ったのは、商店街の各店が、自分のところの商売と関係付けて、上方落語のネタからひとつを選び、そのネタをヒントに新商品を開発するというアイデアである。例えば、「パティスリー　やまき」では『ちりとてちん』を選んで、チーズを使ったおいしい「ちーずとてちん」を開発。「大阪家仏壇店」は『七度狐』を選んで「ばかされ香」を発売。「御菓子司　香月」では、『狸賽《たぬさい》』を選んで、「たぁ〜ちゃん饅頭《まんじゅう》」を開発。今では55店が参加するという。私は、おみやげに「たぁ〜ちゃん饅頭」を買って帰った。狸をかたどった饅頭が３つ、サイコロ型のパッケージに入っていた。硬めのパッケージには、落語にちなんでの1から６の目が描いてある。サイコロとしても使えそうなのが面白い。（２０１１年1月）

W杯なでしこジャパンの優勝

「なでしこジャパン」が優勝した。２０１１（平成23）年の女子ワールドカップ（W杯）ドイツ大会で見事優勝を果たしたのである。東北の大震災と原発の事故以後、日本は暗雲に覆われ、政治の不安定がそれに輪をかけ、とりわけ被災地の復興の遅れは、暗い影を落としたままだ。しかし、「がんばれ！　日本」の声は、広く日本を覆うに至り、そんな中で、「なでしこジャパン」が優勝したのだった。一時的にしろ暗雲を払いのける明るさをもたらした。「なでしこ」は、男子チームと違って、サポーターも少なく、選手の待遇も良くなかっただけに、その「がんばり」は被災地の人々だけでなく、多くの日本人に勇気と希望を与えた。

「なでしこ」がドイツに勝ち、スウェーデンに勝ち、そして強敵アメリカに勝ってしまった時には、まるで奇跡が起こったかのような感動をもたらした。アメリカとの決勝戦が、最終場面で2対1となった時、これで負けるのかと思ったが、澤穂希選手の魔術的なシュートが決まって同点になった。試合後にアメリカのワンバック選手が「日本のチームワークは素晴らしかったが、チーム全体を何かが押しているような気がした」とコメントしていたが、それはチーム全体が「がんばれ！ 日本」の心を共有していたからではないかと思われる。

ＰＫ戦になって、その前にしばし空白の時間が生まれた。テレビでは、選手たちが監督を囲んでの円陣を映していた。このミーティングでは、ＰＫ戦の順序を決めていたそうである。監督はいつものようにギャグを入れようかなと思ったが、適当なギャグが思いつかなかったという。でも「主将の澤を11番目にした」というくだりで、円陣から笑いが起こったという。テレビカメラは佐々木監督の笑顔を捉えていた。円陣は普段と変わりのない「笑い」があるもののようであった。しかし、Ｐ

K戦に臨んでは、ゴールキーパーもシュートを構えた選手も緊張そのものであった。「なでしこジャパン」が帰国してからは、連日テレビや新聞で大きく取り扱われ、監督や各選手のインタビューが相次いだ。監督の人柄やチームの特徴が見えてきた。監督はよく冗談を言い、「おやじギャグ」を好んで選手たちを笑わせたらしい。例えば、ナイジェリア選手の力強さを見て、「お前たち、フィジカル（力強さ）ナイ（無い）ジェリア？」というようなギャグ。あるいは「宝くじは買わないと当たらないが、シュートも打たないと入るわけがない」とか。普段から笑いがあると、仲間同士のコミュニケーションが良くなる。欠点の指摘も気軽にし合えて結束が強まったと思える。

監督の指導法で感心した言葉があった。ある会合に二人の選手がおしゃべりが過ぎて遅れてきた。その時二人を叱らず、おしゃべりに夢中の二人をどうしてみんなが注意しなかったのだと叱ったという。普通は当該者が叱られるが、「なでしこ」では、個々の選手が絶えず全体の動きに注意を怠らないことが重要とされたことが分かる。監督は、「ノリさん」と愛称で呼ばれていた。誰にでも心を開いて偉ぶらない采配が、監督の人柄と一体となって功を奏したのだと思われる。

（2011年9月）

世界に通じる英語落語

現在、英語落語といえば、大島希巳江さんの名を挙げなければなるまい。NHKテレビの『英語でしゃべらナイト』や、NHKラジオの『World Interactive』にも度々出演し、文京学院大学外国語学部准教授（現：神奈川大学外国語学部教授）として英語を教え、英語落語のプロデューサーであり、パフォーマーでもある。毎年、プロの若手落語家を率いて、海外公演に出掛けている。

「英語落語」の先駆けとしては、故・桂枝雀さんのことが思い出される。枝雀さんは、1988（昭和63）年に、英語落語をハワイ、ロサンゼルス、バンクーバーなどで初めて公演した人であった。字幕で英語を出すのではなくて、枝雀さん自身が英語を使って演じたのである。思い切った試みであったと思う。

5月23日、日本笑い学会中部支部の第100回研究会が名古屋の金城学院大学で開かれ、そこで大島さんの「英語落語と国際理解――英語が苦手でもわかる英語落語」と題した講演があった。海外（英語圏）公演での観客の「戸惑い」と「理解」についての報告で、とても面白かった。

海外公演では、まず落語という芸の説明から始めるという。座布団に座って1人で複数の登場人物を演じ分ける落語は、日本特有の芸で、まずこれの説明が必要となる。アメリカではシットダウン・コメディ（Sit-down Comedy）と紹介される。なぜなら、スタンダップ・コメディー（Stand-up Comedy）という芸があるので、それとの対比でシットダウン・コメディーと呼ばれるとのことだ。大島さんは、これには不満足で、落語は日本にしかないので、「Sushi」という言葉がそのまま使われているように、「Rakugo」という言い方がそのまま世界に通じるように頑張っているのだという。

「日本笑い学会」と同様の目的を持つ国際学会として「国際ユーモア学会」（事務局はアメリカ）というのがある。大島さんは、1996（平成8）年シドニーで開催された大会に参加した時、「日本人にはユーモアがない」「日本人は笑っていない」

などと言われたそうである。彼女は、そういう眼鏡で日本人が見られていることに反発して、そんなことはない、日本にもユーモアがあり、笑いもある。これを伝えるのにどうするか、と考えて落語を伝えるべく決心したという。そしてその翌年1997（同9）年の「国際ユーモア学会」（アメリカのオクラホマ大学で開催）において「Rakugo」を紹介した。演者は、笑福亭鶴笑さんで字幕を使って演じた。実は、この時私も初めて「国際ユーモア学会」で発表し、その現場を見ていた。落語が理解され笑いを呼び、拍手喝采を得て「成功した！」のであった。「国際ユーモア学会」では、「Sit-down Comedy」ではなく「Rakugo」と呼ぶことにしようという声が上がったのを覚えている。

その時から10年以上が経過したが、今では落語家の英語力が飛躍的に上達したとのこと。英語小噺が学校教育にも取り入れられて効果を上げているという。興味のある方は、『英語で小噺！——イングリッシュ・パフォーマンス実践教本』（CD付き、研究社、2009年）をどうぞ。

（2010年7月）

浪曲を英語で演じる春野恵子

２０１７年の10月28日、大阪の大槻能楽堂で、「英語浪曲」を聞く機会があった。英語落語との共演で、英語落語は、お馴染みの桂かい枝が演じ、英語浪曲は、春野恵子が演じた。落語を英語で演じるのは、最近では珍しくない。落語に魅せられて入門した欧米人が、英語で演じるケースも出てきている。

私はこれまでに浪曲を英語で演じた人を知らない。春野恵子が初めてではないか。彼女は東京大学教育学部卒で、二代目春野百合子の浪曲に魅せられて弟子入り。師匠の「近松もの」を受け継ぎ、既に著名な浪曲師として活躍。澄んだ綺麗な声が人を惹きつける。

能楽堂が舞台で、落語と共演であったからであろう、シテ正面に落語の見台を置き、座布団に座ってうたう。曲師も地謡の場所に座って弾く。冒頭、日本語で浪曲の詞章を英語に翻訳し、浪曲の節にのせる難しさについて説明があった。

既にローマ、サンパウロ、ニューヨーク、モスクワなどの海外公演も重ね、オペラのようだと言われているという。出し物は「番町皿屋敷」であったが、英語も浪曲の節にのれるのだと感心した。高い声は、まるでソプラノ歌手の独唱のようで、浪曲の節が心地よかった。

春野恵子のチャレンジは始まったばかりのようだが、後に続く人も出てきて、海外で英語落語と同じように楽しまれるようになれば、日本人の「涙と笑い」の理解が進むのではないかと思われた。

（２０１７年12月）

替え歌・朝の目覚めの一笑い

私たち夫婦は、「日本笑い学会」三重支部の会員で、隔月の支部例会には、できるだけ出席するようにしている。例会では、「研究報告」を中心に、最後にはみんなで「笑いヨガ」で大笑いをして終わる。「笑いヨガ」は、「ヨガの呼吸法を取り入れた笑いの体操」である。

前回は、津市の「アスト津」で行われたのだが、面白い替え歌が紹介された。童謡の「村祭り」の歌詞をうまく言い替え、お祭りの笛太鼓のところを笑い声に替える。私は、「村祭り」のメロディーが気に入ったし、「ドンドンヒャララ」を笑いに替えてしまうところがとても面白く思った。

「村の鎮守の神様の　今日はめでたいお祭り日　ドンドンヒャララ　ドンヒャララ　ドンドンヒャララ　ドンヒャララ　朝から聞こえる笛太鼓」が元歌の歌詞。これを替え歌で歌い、笛太鼓のところで笑いを入れる。

「朝の目覚めの一笑い　今日も笑って元気だよ　ホホハハハ　ハハハハハ　ホホハハハ　ハハハハハ　笑う門には福が来る」というようになる。2番もあって、その冒頭は「夜の眠りの一笑い　楽しいことだけ考えよ」で笑うところは同じ、そして「笑う門には福が来る」で締める（替え歌作詞：旭・笑いクラブ）。

「村祭り」を思い出せる人は、ぜひ自分で歌ってみて、「ホホハハハ　ハハハハ」と笑いの合いの手を入れる時に、身振りも付けてやっていただきたい。愉快な気分になること間違いない。家族で顔を見合わせながらすると、きっと大笑いになると思う。私は夫婦で実験済みである。


（2014年12月）

第4章　家族の笑いと絆

鬼は外！ 福は内！

2月といえば、まず節分であるが、私には過去の習性から入学試験が思い浮かぶ。私の勤めていた関西大学では、毎年2月1日を期して入試がスタートする。その入試の監督業務から始まって、学部の後期試験の採点、卒業論文の採点、それに大学院の修士論文の査定まで、2月は寝る間もないぐらいに追いまくられ、1年で最も忙しい月であった。

そんな忙しいさなかでも、2月3日の節分の夜は一息ついたものだ。「豆まき」と「恵方巻き」の丸かぶりを楽しんだ。子どもが小さい頃は、子ども中心で、私が鬼になり、子どもたちから「鬼は外、福は内」の掛け声で、豆を投げられるのであった。私が「痛い！ 痛い！」と逃げ回る姿が、子どもたちにとっては痛快でうれしくてたまらず、大声を出して笑い合っていた。その年の「恵方」に向かって、巻き寿司の太巻きをかじるのも、子どもたちと一緒にする時は、笑いが絶えなかった。無言でかじりながら祈らないと効果がないと言いながら、無言を続けるのが難しいのだ。頬張っている顔が実に滑稽で、ついつい笑ってしまうのだった。

昨年の暮れに選ばれた漢字は「絆」であった。３月11日の東日本大震災が、改めて人と人との絆の大切さを知らしめた。特に家族の絆の重要性をかみしめることになった。家族を失った人々、生き残っても家族ばらばらにしか住めなくなった人々が続出した。家族があって当たり前の日常が消えて、一人ぼっちで生きることがどれだけつらいことか、被災者の涙と声が人々の心を揺さぶった。個人が元気に普通に生きられるのも、家族の深い絆に支えられているおかげだと、気付くことになった。「生活の伴侶」は必要なのだという反省も生まれて「婚活」の社会現象も生まれた。

物が豊かに氾濫《はんらん》し、あまりにも便利になった社会のおかげで、ともすれば私たちは、「一人で生きている」と錯覚しがちである。結婚しなくても、子どもを持たなくても、誰に頼らなくても、一人で生きていけると錯覚し、「自分のしたいことをする」という欲望のままに過ごす人たちが増えた。その結果、晩婚化、出生率の低下、離婚率の増大、親による児童の虐待など、子どもを含めた健全な家族の形成が難しくなるという現象が生じた。

全国の児童相談所に寄せられる虐待相談件数は昨年で5万5000件を超えた。過去20年、連続して増え続けてきて過去最高になったという。届けられていない実数はもっと多いのかもしれない。どう考えても不自然で深刻な問題だ。

人間は家族の中で生まれ、家族の中で育つ。家族を壊せば、次世代への影響は大きい。どうすれば壊れないようにできるのか。まずは夫婦の絆が大切だ。仲の良い夫婦の家庭では、子どもに笑顔が絶えない。なぜなら、子どもは安心して過ごせるからだ。忙しくて一堂にそろうのが難しくなってきた家族だけに、せめて年中行事には、みんながそろって顔と顔を見合わせ、笑い合う時間を持ちたい。その積み重ねが家族の「絆」となっていくことは間違いない。家族みんなが笑い転げる「鬼は外、福は内」になればよいのだが……。

（2012年2月）

山中伸弥教授が語る「家族に感謝」

今年最大のニュースは、山中伸弥京都大学教授のノーベル生理学・医学賞受賞ではないだろうか。日本国中が喜びに湧き立った。50歳の若さでの受賞である。まさに働き盛りの年頃で、本人の談話を聞いていたら、受賞でほっとするというよりもこれからの実用化に向けて大きな責務を背負ったという感じがした。

ニュースでは、教授の個人的エピソードも多く報道された。臨床医としてデビューするが手術が不器用で、仲間からは「じゃまなか」と言われていたとか。臨床医を諦め基礎研究に転進。それからが苦労の連続となる。研究には失敗がつきものだが、その失敗を笑い飛ばして堂々と語れるところが素晴らしい。

「失敗ばかりで泣きたくなるような二十数年、そんな時に家族が笑顔で迎えてくれた。妻も自分の仕事（皮膚科医）を中断してついてきてくれた」と語る。カリフォルニア大学のグラッドストーン研究所での研究留学は、「研究するか家にいるかの生活。子育てに携わり子どもの笑顔を見ることが支えになった」という。つらい時に家族全員で暮らせたことが教授に幸いしたと思う。「家族に感謝」の言葉が何度も繰り返された。

私は、53歳の時、フルブライト客員教授としてアメリカの大学に招かれたが、「夫婦でキャンパス内に居住」という条件があった。妻の協力あればこその客員教授であった。それを思い出すと、山中教授の「まずは家族に感謝」の言葉がよく分かるのである。

（2012年12月）

弁当を作る人食べる人

働く大人の昼ご飯を取り上げた番組に、NHK総合の『サラメシ』という番組がある。テレビには、料理や食べるシーンがあまりにも多い中で、弁当が取り上げられるのは珍しい。中井貴一のナレーションは、昼ご飯の楽しみをよく盛り上げてくれる。

どんな仕事であろうとも、昼時がやってくると昼飯を食べる。仕事場の近くに食堂や弁当屋、コンビニがあったりすれば、それで間に合わせる人も結構多い。大きな会社だと、社員食堂というのもある。

番組は、昼ご飯だけでなくその職場の様子も紹介する。さまざまな職場の模様も楽しいが、番組の中心はどんな昼飯を食べるかにある。

弁当には、作る人と食べる人がいる。番組に登場するのは、奥さんと夫、お母さんと息子という関係が多い。テレビでは、弁当の中味がクローズアップされるが、中には、こんなに豪華な弁当を作るのは誰なのかという興味が湧くようなものもある。朝一番に作るとなれば、相当早い時間に起きなければならない。作る人の愛情があればこそという思いがし、胸が熱くなる時がある。

（２０１６年４月）

スペイン村で孫と遊ぶ

子どもたちの夏休みは終わった。家族と一緒に遊んだ楽しい思い出が残ったであろうか。現代の家族は、普段においては、両親も子どもも忙しくて、共に遊ぶという時間が乏しいだけに、一層そう思われる。

小学生の孫が、サラリーマンの叔父と交わしていた会話を思い出す。「おっちゃんはどれぐらいの夏休みがあるの？」「4日間」「たったの4日しかないのん。僕ら40日あっても、短いと思ってるのに。やってられんな」。

子どもにとって、夏休みはもっとあってほしい最高に楽しい時間だ。しかし、それも中学生になると、部活や塾の予定が入って、時間が自由に取れなくなる。

今夏は幼稚園児の孫がやって来た。年寄りも交えて一緒に楽しい時間を持つにはどうするか。私たちは、孫の希望を入れて「志摩スペイン村」で遊ぶことにした。孫の希望のままに施設を見て回った。「氷の城」、「不思議の国のアリス」「くるみ割り人形」などの館に入ったが、孫は、気に入ると、同じところに何度も入る。一番気に入ったのは「くるみ割り人形」館であった。もちろん私たちも付き合った。イルミネーションで構成されたおとぎの国をチャイコフスキーの『くるみ割り人形』の音楽が導いてくれる。音楽がカラフルなイルミネーションに溶け合って心地よい空間を作り出す。外に出てきた時、どの子どもも親も満面の笑顔である。出てくる家族がみんなそうなのだ。心地よい体験を共有して、家族が見つめ合って笑っている。

（2012年10月）

家族そろっての餅つき

現代の家族は、両親と未婚の子供で構成される核家族が多い。子どもたちは成人し結婚すると、家を出て別に所帯を設ける。子どもたちは、親の近くに住むというよりも、そんなことには無頓着に居を定める。少子化のため、子どもが出て行くと、親夫婦だけとなり、家の中は静かになる。夫婦が顔を合わせて大笑いするような機会も失せていく。でも電話や電子メールが頻繁に使えるようになり、コミュニケーションそのものが減ったというわけでもなさそうだ。電話をかけながら笑い合うことだって結構ある。しかし、電話を終えた後は、静けさがまたやってくる。何となくさびしい気持ちが心に溜まる。

お正月は楽しいひと時である。子どもたちも孫たちも、皆が帰ってくる。小さな孫たちが混じると、いつもの空気は一変して、それはもう賑やかなものになる。年寄りは、疲れることが分かっていても、笑みを浮かべてサービスに努める。賑やかなのが楽しいのだ。

私の家にも、暮れから子どもたち夫婦と孫二人がやってきた。孫は、5歳と3歳の男の子である。私の子供の頃であったら、戸外で凧あげや独楽まわし、羽根つきなどに興じ、室内では、カルタや双六、福笑いゲームなどを家族全員で楽しんだものだが、それが今日では適わない。

孫たちがまだ小さいということがあるので、私は暮れから、孫も入れて皆が楽しめる共同の遊びがないかと思案していた。買い物に出て、あるホームセンターをうろついていると、小型の木製の臼が目についた。一升がつけると説明があり、室内でもつけるという。冷たい風が吹きつける我が家の庭では、誰も賛成してくれないだろうが、室内でなら皆が参加してくれるのではないかと考えた。

私は、小学校2年生のとき、戦争で田舎に疎開をしていたが、その少年時代の餅つきの思い出がよみがえっていた。子どもの時の経験というのは不思議なものだ。そんなに簡単には消えず、長く忘れていてもまた瞬時によみがえりもする。家族総出で餅つきをした楽しい記憶がよみがえったのである。そうだ、餅つきをしよう。木製の臼と杵を買うことにしようと決める。臼を持ち上げるとどっしりと重い。小さい臼とは言え、ほんものの感じがして年甲斐もなく嬉しくなってしまう。

餅つきなら子どもも孫も、全員が加わってできるし、つきたての柔らかい熱々の餅が食べられるではないか。どんな餅がつきあがるか分からないとしても、みんなで賑やかに騒ぐのがよいし、孫たちにも本格的ではないが、餅つきの体験をさせておくことができる。という思い込みで、大晦日を待って餅つきを始めることにした。孫にも杵を持たせて一緒につき、粉をまぶして丸餅に仕上げるところまでをやらせてみる。しかし、失敗の連続で、全員が大笑いしてしまう。家族が揃ってこんなに大笑いしたのは初めてではなかったかと思われるほどに、大笑いしてしまった。

最初についた餅はつき過ぎて、水も混じって、ついには「とろろ」状になって、あっちへくっつき、こっちへくっつき、まるで餅の怪獣に襲われたかのように、どうしようもなくなってしまう。試行錯誤を重ねながら、2回目には少しはましな餅がつけたとはいうものの、餅つきの難しさを味わうことになった。孫も含めて、来年も餅つきをしようと、みんなで誓い合って、餅つき劇は終わった。

（2001年4月）

祖父から孫に伝える

今年の夏休みも終わった。多くの孫たちが、宿題を抱えて祖父母の家で過ごしたのではないだろうか。

あるテレビで、孫の自由研究「カニの採集」に付き合った祖父を映し出していた。海に足を運んで、種類の違うカニを採取するのは、とっても手間が掛かる作業なのだが、祖父は、孫と一緒に作業に飽きない。遠出もするし、根気よく付き合う。孫の喜びがそのまま自分の喜びのようであった。

NHK BSプレミアムに『食べてニッコリふるさと給食』(7時45分~55分)という番組がある。地元産の食材を生かした給食を食べて「子どもの笑顔が一斉にはじける」ところから番組は始まる。給食の「地産地消」版とも言える。子どもたちは、地元でとれる食材でありながら、往々にしてそれが嫌いであったりする。家の食卓に上がっても、あまり手を付けようとしない。

8月19日の例では、東京・檜原《ひのはら》村の春の「のらぼう菜」が紹介される。生徒の家の畑に出掛けて、生徒たちは、その家の祖父から説明を受ける。孫も祖父の言うことには素直に耳を傾けるし、「のらぼう菜」に関心を示すようになる。

8月22日は、大阪府河南町の「毛馬《けま》きゅうり」を紹介。江戸時代からあった野菜ではあるが、長年地域から消えてしまっていたが、種が残っていたので「なにわの伝統野菜」のひとつとして復活したものだ。まずは、授業に「毛馬きゅうり」を持ち込んで、生徒たちは説明を聞き、味わってみる。その後、実際の畑に出向いてきゅうりをもぎ取る。生徒たちは「毛馬きゅうり」が好きでない。現地の説明は、祖父が当たる。給食では、子どもたちが、思わず「おいしい！」と言ってしまうほどに、料理が工夫されている。私が、面白いと思ったのは、ここでも祖父が孫に教え、指導する場面であった。祖父は、伝統野菜を孫に伝えたいと思っているし、それを孫も素直に受け止めてくれる。

8月23日は、福井県の若狭湾でとれる「サバとワカメ」の給食であった。海に出て、海の恵みの現地学習をした上での給食となるが、ここでも生徒と祖父との関係が出てくる。祖父に連れられて海に出る孫はうれしそうだ。孫の笑顔に祖父は満足し、「給食」で「おいしい！」とニッコリしてくれれば、祖父にとっては、もう言うことなしである。

番組は、特別に「祖父と孫」との関係を描こうとしているわけではないが、祖父の孫への積極的働きかけが目立った。祖父には経験と知識がたっぷりあって、時間のゆとりもある。孫の笑顔は祖父にとっては元気のもととなり、両者の良い関係を考えさせる「ふるさと給食」であった。

（2011年10月）

孫の食欲にニッコリ

最近の定年退職者は、長生きのおかげで、孫と遊ぶ機会が持てるようになり、最近では「イクジイ」という言葉がはやっているという。孫の「子育て」に興味を持つじいさんが増えてきたというわけだ。「子育て」は体力もいるが、たまに遊ぶのはけっこう楽しい。わが子の時は、忙しすぎてよく見えなかったことが、孫で数々の発見をすることになる。

3月の春休みに孫の2人が我が家にやって来た。高校に合格したばかりの1年生とその兄の高校3年の男の子である。小さい時はほとんど毎年、わが家にやって来たが、大きくなるにつれて、学校の部活や塾が忙しくなり、友達同士の付き合いも増えて、私たちの家を訪ねる機会も減ってきた。今年の春休みは、上の子にとっては、大学受験態勢の初めであり、下の子にとっては、高校に入学したばかりというところで、2人がそろって楽しめる春となったわけである。

せっかくなので、海の見える私の仕事場に連れて行った。そして、近くの海岸に出ては、キャッチボールを楽しんだ。2人は中学時代、野球部に入っていたので、投げるボールは速く、もはや私の相手ではなかった。3泊して帰ったが、おばあちゃんは彼らの食欲を満たすのに追われていた。ものすごく食べるのである。男の子2人を育てた経験はあるものの、今また若者の旺盛な食欲を再発見していた。「これはよく食べる！」と私たちは、互いに顔を見合わせて、ニッコリと笑っているしかなかった。

（2013年5月）

「花合わせ」の再発見

今年はヒツジ年で、年賀状では、さまざまなヒツジの絵をいただいた。私の場合は、卒業生からの年賀が多い。世代的には、小中学生を抱えた家族が多いが、2子目、3子目が生まれた家族もいて、さまざまな可愛いヒツジの絵に出合うことができた。子どもが少なくなってきたといわれる昨今、私は「にぎやかな家族に万歳！」と返信を送った。

私の家族も正月には、みんながそろってにぎやかであったが、孫たちが受験期に入ってからは、一同がそろうのが難しくなった。今年は、小学校2年生の孫が、暮れからやって来た。一人でもにぎやかで、じいさん・ばあさんが遊び相手になる。みんなで遊べる最新のすごろくを買ってきて遊んだが、面白くなくて、私は昔にやった「花合わせ」を引っ張り出してきた。

まずは、花札を広げて、花の説明をして、どれとどれが組み合わさって「役」になり、点数化されるかを説明する。子どもにとっては、初めてだというのに、興味を感じたのか、覚えが速いので、私たちの方がびっくりしてしまう。

「花合わせ」は、いつから始まったのかは分からないが、日本の伝統的な遊びであることは確かだ。日本の代表的な桜、梅、松、牡丹、菊、紅葉など四季折々の花や遊びの風俗が取り上げられており、札の組み合わせで、「役」を作る。「松梅桜の短冊」三枚で「赤丹」とか、「桜」「盃」で「花見で一杯」とか。

孫は、この日本的な昔ながらの遊びに熱中し、大きな「役」で大勝利した時は満面の笑顔で、スマホにはないゲームの楽しさを知ったのではないか。私たちも巻き込まれて、笑いのある正月を過ごすことができた。（２０１５年2月）

親子のサキソフォンが響き合う

毎年、敬老の日に合わせて総務省が発表する推計人口によると、今年は65歳以上の高齢者が、３５５７万人となり、総人口に占める割合が28・１％、過去最高と言う。平均年齢で言えば46歳、今から54年前の東京オリンピックの時の平均年齢が26歳であったことを思えば、ずい分と平均年齢が上がったものだ。

先日、ジャズ・ミュージシャンの古谷充さん「プロ生活65周年記念大夜会・結婚60周年記念アニバーサリー」の会に出席する機会を得た。大阪のＡＮＡクラウンプラザホテルでのディナーショーで、大宴会場が友人・ファン・弟子たちで埋め尽くされた。

古谷さんは82歳で、見かけはそれなりの老体だが、舞台に立って吹くアルトサックスの冴え渡る音と円熟したボーカルの声調には深く心を打つものがあった。まさにプロの底力、凄さを見せられたような想いがした。

結婚60周年の祝いでもあったので、啓子夫人も舞台に上がり、二人が軽く踊ってみせる場面もあった。仲の良い夫婦がかもしだす空気が舞台を覆う。ジャズバンドの中には、子息の光広さんがリーダーとしてテナーサックスを吹き、二人だけの競演もあった。

アルトサックスを吹く親父の後ろで、息子がテナーサックスを懸命に吹く。親父はどんな気持ちであったであろうか。「後ろ姿」を見せるという気持ちもあったかもしれないが、私には、競演の幸せをいっぱいに感じているように見えた。音のハーモニーは、まさに親子が「笑顔と笑顔で」相対しているような暖かさを醸し出しているような気がした。

（２０１８年11月）

第5章　笑いの力

極限の中で生き抜く

7月20日、私たち夫婦は、伊丹空港から新潟に向けて飛び立った。私たちは、「日本笑い学会」の夫婦会員で、新潟で開催される第19回年次大会に出席するためであった。2日間にわたって、記念講演とシンポジウム、22本の研究発表やワークショップが行われた。

講演会では、新潟在住の蓮池薫さんが「極限の中で生き抜く知恵と笑いの力」と題して講演。北朝鮮による24年間に及ぶ拉致生活を生き抜いた体験談で、その詳細を聞くだけでも心が揺さぶられたが、いつ帰還できるか分からない見通しのない中で、毎日を生きる「知恵と笑い」の話に感銘を受けた。

蓮池さんは、「笑いは息継ぎ」だと言う。遠泳ではうまく「息継ぎ」をすることが大事で、息継ぎがうまく果たせないと身を沈めてしまうことになる。笑いの息継ぎがあったからこそ生き抜けたと語る。

シンポジウムのテーマは「笑いを回復の力へ」で、パネリストに地元から2人、宮城県から2人が参加。そのうちの1人は、学会の石巻支部長であって、現在の石巻市長を務める亀山紘さんであった。未曾有の大災害に遭い、困難な状況が続いた中では、たまるのはストレスばかりで、笑えない生活が続いた。笑えない体験を通して、心身の健康に笑いがいかに大切かを身をもって体験したという。

「息継ぎとしての笑い」にしろ、「ストレス解消の笑い」にしろ、いずれも体験の中からの話で、改めて「笑いの力」について学ぶ機会となった。（2012年9月）

笑いはかけがえのない栄養素

今年の3月11日は忘れることのできない日となった。東日本大震災は、福島原発の事故と共に長く語り伝えられるだろう。春は卒業式と入学式の季節で、異常がなければ、まさに春らしい晴れやかな空気が全国に満ちるところだったが、大震災と原発事故の影響で、東北地方では多くの死者と行方不明、避難者が出て、卒業式や入学式を実施することさえ難しいところがあった。ある小学校で、津波で全てが流されたが、校長室の金庫だけが残っていて、それを開けたら、用意してあった卒業証書が無事だったという。子どもたちにとっては何ものにも代え難い思い出が残ったわけである。

大学の入学式は、通例なら4月に行われるが、今年は関西では4月、関東では5月から行われることになった。関東の大学では、東北地方出身の学生が多くて、彼らの事情を考慮した結果ということであろう。

私の勤めていた関西大学では、予定通り4月1日に千里山キャンパスで入学式が行われた。そのあと各学部で新入生歓迎行事があり、私は「人間健康学部」の新入生歓迎講演に招かれていた。私は「ユーモアと人生」というテーマで話をした。今回は無事だった関西の人間にも、同様の天変地異が襲うかもしれない。この世の人生では「何が起こるか分からない」のである。難局に立ち至った時、どうして元気を取り戻すか。

アルバート・シュバイツァー博士（1875—1965）は、アフリカ赤道直下の熱帯ジャングルの中で医療活動を展開、「密林の聖者」と言われた人だが、若い医師や看護師を抱えて、過酷な環境をどう乗り越えるか、悪戦苦闘の毎日であった。博士は、全員がそろっての夕食の前に必ずユーモアを用意して笑わせた。毎日が

「笑っているどころではない」状況なのだが、夕食時のユーモアは「バイタル・ナリッシュメント（Vital Nourishment）」であったという。つまり元気に生きていく上で笑いは「かけがえのない栄養素」であったというわけである。

第二次世界大戦の時、英国本土がドイツ空軍の爆撃を受け、ロンドンのあるデパートが破壊された。入り口を大破されたデパートは、翌日看板を出して「平常通り営業。本日より入り口を拡張しました」と書いた。イギリス人のユーモア精神を語る時に、よく引き合いに出される例である。

危機的現実に見舞われた時、人は眼前のことしか目に入らず、悪夢に追い掛け回されることになる。その現実の縛りから抜け出すために、自分を笑ってやることが必要だ。「……にもかかわらず笑うのがユーモアである」と言われるのは、笑ったからといって縛りの現実が消えるわけではないが、縛られている心が自由になる。と同時に笑いが元気の「気」を湧き出させてくれる。

私は学生諸君に訴えた。何事にも積極的にチャレンジしよう。そうすれば困難に直面することが多くなり、失敗も増える。笑われることも多くなるが、そんな時、ユーモアでもって自分を笑い飛ばそう。そうすれば、前へと踏み出す元気の「気」が湧いてくる。

（2011年6月）

苦しいときこそ笑いの力

3月11日の東日本大震災からすでに3カ月半。被災地のことがテレビで流されない日はない。「3・11」は日本の歴史にとって忘れがたい日となるに違いない。大津波が街を飲み込む光景、街全体ががれきと化した廃虚の光景、福島原発の爆発の光景など、テレビの上ではあるが、私たちはその恐ろしい光景を何度見てきたことであろうか。被災地を訪ねた人は、テレビで見るのとは段違いで、「もう言葉が出ない」と言う。そんな言葉も聞きながら、私たちは現地に生きる人々の心を想像する。

「日本笑い学会」には、全国に16支部があり、東北には「東北支部」と「石巻支部」がある。東北地方の会員には、事務局が全員の安否調査をして連絡を取り合った。死者も行方不明者もなかったが、家の全壊や半壊、床上浸水などの被害を受けた人がいた。石巻支部長が、石巻市長をしていて直接電話をする機会があった。無事かどうかの確認とお見舞いの電話をかけたが、市長としての労苦は察するに余りあるものだった。

「日本笑い学会」の年次総会は、毎年7月に行われる。暑いさなかなので、春とか秋の開催であればよいのだが、設立総会の開催が7月であったために、7月を変えられずにいる。設立時は、あえて「泣く日」（7月9日）を選んで「笑い学会」への参加を呼び掛けたのだった。

今年は、7月23日と24日、関西大学堺キャンパスの「人間健康学部」で開催される。シンポジウムのテーマは、「苦しいときこそ笑いの力」である。背景には東日本大震災の被災地のことがある。被災地に思いを致し、「笑い学会」として何を課題とすべきかを議論し合った。「笑いの力」とは何なのか、「笑いの力」は頼りになるものなのかを探ってみようということになった。

3・11以降、「笑いの力」という言葉がよく使われるような気がする。私は自分の「笑い学研究」で、「笑う能力」とか「笑い力」あるいは「笑いの力」などという言葉を使ってきた。私は昨年の12月にたまたま『笑いの力』（関西大学出版部、2010年）という本を上梓した。その中では、「笑いの力」を二重の意味で使っている。ひとつは、人間は誰でも生まれながらにして「笑いの力」を持っている。それは人間が持つ自然力のひとつで、潜在的にあるのであって、個人の環境条件によって顕在化して実際の「笑い」となると考える。もうひとつの意味は、顕在化した「笑い」が引き起こす働きや効用、何らかの効果を発揮する力という意味で使っている。

一般に使われている「笑いの力」は、笑いの効用や効果を意味している場合が多い。「苦しいときこそ笑いの力」というシンポジウムのテーマは、苦しい時の笑いの働きと効果を問題にしようとしている。人間が苦境に立ち至った時、すぐには好転しようもない厳しい現実に立ち向かった時、自らの内に潜在的に秘めた「笑いの力」の発揮が、どれほど役に立ってくれるかを問おうというわけである。

私はシンポジウムに参加する1人として、「笑いは生きる最後の砦――もう笑うしかない」という意見発表をしようと思っている。

（2011年8月）

49歳のアメリカ留学

日本人の海外留学生が減ってきているという。若者の「内向き志向」と言われるが、英会話が苦手というのが本音ではなかろうか。中学・高校・大学と英語の勉強はしてきたけれども、「話せない」というわけだ。しかし、グローバル化が進む企業の中には採用試験で英会話を試すところも出てきた。私の友人の息子の話だが、最終面接に臨んだら、予告なしに英語で面接が始まった。本人は、まさか英語でとは思っていなかったので、的確な応答ができず、不合格となってしまった。

何十年と英語を学んできても、「話せない」というのは、私たちの若い時代からも指摘されていた。私自身も初めてのアメリカ留学で苦労したことを思い出す。49歳の時である。

ぶつかったのは、まずヒアリングである。これではいけないと、現地の大学内で開かれていた夜間の「外国人のための英語教室」に通った。先ずクラス分けのために筆記と聞き取りのテストがあった。そして、終了試験が最終授業の最後に行われた。途中で気がついたら、最初のクラス分けの時に受けた試験と同じ問題であった。

結果は、なんと最初と全く同じ点であった。

私はがっかりしたが、ある重要なことに気がついた。脳に刻まれた音感は、急には変わらないということが分かったのである。既成の音感覚にはまると分かるのだが、ちょっと外れると分からなくなる。これは私にとって大発見であった。49歳にして急に上達するわけがないではないか。そう観念すると、すぐに上達すると思い込んだ自分が愚かであったことに気がついた。笑いが込み上げて仕方なかった。

寮に帰るキャンパスの夜道は月明かりで光っていたが、私には、月が笑っているように見えた。焦る気持ちが失せ、落ち着きが戻ってきた。

（２０１４年２月）

家の鍵を忘れて締め出され

先日、自宅の近くに新しいホテルが建った。建物の垂れ幕にはオープン記念のサービス料金が宣伝されていた。家内に「新しいホテルだし、泊まってみたいね」と、つぶやくが、自宅が近くにあっては、泊まりようがない。家内が「あなただったら泊まれるかもよ」という。

私には前科があるのだ。数年前に、大阪から終電車で帰ってきて、家に入れずホテルに泊まったことがあるのだ。玄関のドアをいつものように開けようとポケットを探ったが鍵が出てこない。チャイムを鳴らし電話をし、ケータイをかけたが、内からは何の反応もなくて、ついに入れず。仕方なく近くに1軒だけあるホテルまで歩いて、泊まることになった。前金を払って、シャワーを浴びて午前1時半頃にベッドに入った時、家内からケータイがかかってきた。「もう1時半よ。どこにいるの？」というが、私はもうベッドの中で、「今更帰るわけにもいかんしな」と、そのまま寝てしまう。

自宅の前に立って我が家に入れないのは情けない。ホテルで宿泊料金を払って泊まるなど、全く馬鹿げたことである。朝早く起きて、家内に言われたように朝食用のパンを買って帰った。早朝の帰宅というのは、こういう感じになるのかなと、昨夜からの自分の行為を映写するかのように思い返すと笑い出してしまった。まるで泥棒が入るかのように家の周囲を歩き回っていた自分、2階の明かりのある部屋に小石を投げる自分、そのうちにご近所の犬が吠えだしてうろたえている自分、朝食のパンを買う自分。まるで喜劇映画を見ているようで、笑ってしまった。

私は子どもの頃からよく忘れ物をした。母親から預かった手紙の投函を忘れて、ポケットの中に数週間も眠らせるということをよくやった。親は叱るよりもあきれ果てて笑うしかないという風であった。失敗は面白いから、人から笑われる。私はどちらかと言えばよく笑われる少年だった。失敗をして人が笑っていたら、自分も一緒になって「面白いやつだ」と自分を笑っていたようだ。

ジェイムズ・ヒルトンの小説に『チップス先生さようなら』(菊池重三郎訳、新潮文庫、1956年)というのがある。映画化も劇化もされ、笑いと涙を誘った作品で有名である。英国の全寮制で有名なパブリック・スクールで六十余年の教師生活を送り、親子3代に渡って教えた経験を持つチップス先生の話。3代目に当たる少年を教えていて、クラスのみんなの前で言う。

「……おじいさんはな、ラテン語の絶対奪格が最後まで分からずじまいだった。つまり頭が悪かったんだな、君のおじいさんという人は。ところが、君のお父さんはその壁ぎわの向こうの机にいつも座っていたんだが……　ま、似たり寄ったりというところだった。しかしだ、わしの考えで、これだけは絶対だと思うんだが、ね……　コリー君や……　君は……　あーム……　3人のうちではズバ抜けて頭が悪いよ！」

ゴーッと起こる哄笑。

みんなはコリー君の方を見て笑ったであろうが、コリー君も一緒になって笑ったに違いない。

（2009年7月）

『虎渓三笑図』の笑い

6月13日、あと3日で終わるという「ボストン美術館 日本美術の至宝展」を見に、大阪市立美術館に駆けつけた。満員の盛況で、人の肩越しにしか見ることができないものもあった。かつてアメリカ旅行をした時に立ち寄ったボストン美術館の出展であったが、記憶はあいまいで、全てが新鮮に見えた。改めて強く印象に残ったのが、曾我蕭白《しょうはく》の絵であった。最も注目を集めていたのは、今回初めて公開された襖8面の『雲龍図』であった。しかし、私は、それよりも『虎渓三笑図屏風』が面白いと思った。

「虎渓三笑」は中国の故事を扱った画題で、室町時代以降盛んに描かれた画題といわれるが、私にとっては、この蕭白のものが初めてであった。慧遠《えおん》禅師が廬山に東林寺を開き、30年余り、俗世とのつながりを断って仏道三昧、虎渓を渡って外に出ようとしなかった。そこへ友人の陶淵明と陸修静が訪ねてきて、3人は滝を眺め、白菊を愛で、杯を酌みかわし、舞を楽しむ。いよいよ慧遠が見送ることになるが、3人とも良い気分で、よろめきながら虎渓の橋を越えてしまう。淵明が気が付いて「禅師は禁足を破られるか」と言うと、3人は一度にどっと手を打って笑いこけてしまう。「禁足」からの解放感が、大きな笑いになったわけだ。

この画題は、能楽の『三笑』にもなっている。私は、昨年の「京都観世会5月例会」で、それを見ていた。3人がそろって舞う姿はとても面白かった。能では、地謡が「一度にどっと。手を打ち笑って三笑の昔と。なりにけり」と謡って終わる。

「どっと」笑ったばかりではなくて、「三笑の昔」にかえったと謡っているところがすごい。３人は共に笑うことによって、一気に琴詩酒の青春時代に戻れたわけである。

（２０１３年８月）

爆笑とこころの浄化

マスコミでは、「落語ブーム」とか「お笑いブーム」とか言われる一方、世相的には最近の不景気を反映して、「笑いがないですね」と暗い印象を語る人が多い。雇用の悪化・失業・凶悪犯罪・児童虐待などの事件が絶えない昨今である。笑っているどころではない事件が多すぎる。子どもの虐待事件などは特に心が痛む。笑いのない子どもたちが増えているのではないか。

私は、自分が講演を頼まれた時、聴衆の皆さんに聞いてみる。「最近1カ月で、爆笑したことがある人は手を挙げてください」と。男性（中年以上）では、ほとんど手が挙がらない。1カ月を半年、1年と期間を長くしても、同じ反応である。「ではここ数年ではいかがですか」と聞いてみるが、若干の人に反応が見られる程度である。女性はいかがですかと聞くと、男性よりもはるかに多くの人の手が挙がる。

電車に乗ると、リュックを担いだ高齢者のグループを目にするが、見渡すとほとんどが女性である。女性は元気良いなと実感する。グループでの談笑では、爆笑する機会も多いと思われる。グループ活動にも消極的な中年以上の男性が暗いということなのであろう。会社で疲れて、テレビを見ても面白くなく、定年後には仲間がいなくてという風になりがちで、爆笑する機会に恵まれることがないのかもしれない。

私は若い人にも聞いてみようと、非常勤で通っている女子大の講義で、女子学生に聞いてみた。多分よく笑っているであろうと推察して、「この1週間に爆笑したことがある人は」と手を挙げてもらうと、ほとんどの学生の手が挙がった。どんな笑いかと数人に聞いてみると、「よく笑うんだけども、中味は思い出せない」という人が多かった。笑いには不思議なところがあって、大いに笑ったことは覚えていても、その内容については思い出せないことが多い。ともあれ、私の印象は、若い人はよく笑っているということである。彼らはテレビの「お笑いバラエティー」を好んで見るし、若いお笑いタレントについてもよく知っている。今では、テレビの人気者は、ほとんどがお笑い出身である。「お笑いブーム」は若い人の間にあって、お笑いタレントの名前も知らない中年以上には関係がなさそうだ。

「笑いのない人生なんて考えられない」と言われるように、毎日の生活の中で、爆笑できる機会があれば、新しい精気が湧いて出て、人生は楽しいものとなるはずである。爆笑は、ある種の感動で、その時の自分（落ち込んでいたり、気分が晴れないでいたり、弾まないでいたり）が飛んでしまい、抜け落ちてしまい、心の底から新しい精気、元気があふれてくる。その結果、笑う前と笑った後とに変化が起こるわけである。心の中の「気の入れ替え」と言ってもよい。爆笑中にそんな心の変化を自覚することはないが、笑いが過ぎ去った後、「ああ、楽しかった」と思うことができればよいわけだ。これは、心の浄化作用でカタルシスと言える。心の「毒素」が爆笑によって「浄化」されるわけだ。若い人、子どもたちは、この浄化作用が頻繁で元気なのである。とはいえ、子どもや若い人に爆笑経験のない人が増えてくると未来が心配だ。

（2009年12月）

ユーモア・ソリユーション

正月は良い天気であってほしい。初詣に出掛けたいからだ。門松もしめ縄も新たにして、正月のために準備された神社は、お参りして気持ちが良い。長い参道がある神社では、深い緑が醸し出す冷気が心を落ち着かせ、私たちを「祈り」へと誘ってくれる。「家内安全」「五穀豊穣」から「世界平和」「自然の安泰」までを祈りながら、それぞれの個人は、また個人に固有のお祈りをする。

私の今年の願いは、「ユーモア・ソリューション」という言葉がはやってくれないかということである。「ユーモア・ソリューション」とは、暴力的に決着を図るのではなくて、ユーモアによって解決を図ろうとすることである。

家族の緊張や対立から、世界のもめ事までユーモアでもって互いが笑ってしまうことができればと思うのである。解決には至らなくても、互いが笑えば、その場だけでも緊張は溶ける。論理的には平行線で合意が成らずとも、対立した感情を融和させる力がユーモアにはある。「笑ってごまかす」という態度を嫌う人があるが、真面目な人は往々にしてそうなのだが、笑ってしまうことは、状況を曖昧にして妥協を生じさせる。

「曖昧性」を含みながらも共存していくことが可能となる。ユーモアの不思議な働きで、笑いの「矛盾同一化作用」とでも言えるもので、人間のみに備わったユーモアの知恵と言ってよい。

家族、会社、地域社会でも、人間関係があるところでは、絶えず緊張やもめ事が発生する。国家間の関係でも同様である。緊張を笑って解くことができるのは人間だけであることも確かであり、「ユーモア・ソリューション」を目指す努力がもっとなされるべきであると思われる。

「ユーモア・ソリューション」が、今年の「流行語大賞」にでもなれば、家族も社会も大変化を遂げると思われるのだが……。

（2015年1月）

ユーモア・コンサルタントという仕事

「コンサルタント」や「カウンセラー」という職業が増えている中で、「ユーモアコンサルタント」という名を聞かれたことがあるだろうか。この仕事は、「ユーモア」をビジネスに役立てようとアドバイスをする職業で、日本では始まったばかりと言ってよい。全国で数人が活動しているが、パイオニアとして先頭を走ってこられたのが、矢野宗宏さん（三重県名張市在住）で、「日本笑い学会」の理事でもある。

この矢野さんが、ユーモアコンサルタントとして仕事をされてきた10年の経験を『ユーモア力――私の仕事はユーモアコンサルタント』（春陽堂、２０１３年）という本にまとめられた。職場に笑いを生み、明るい空気をどうすれば作れるか、失敗からいかに早く立ち直るか、あるいはまた、難しい「訪問販売」をいかにこなすかなど、時と場合に応じての「笑いの実践」が紹介されている。

例えば、海外赴任から戻った自分の紹介。「私は、海外から戻りまして、大きなカンフルショック、イヤイヤ、注射打ってどないすんねん、大きなカルチャーショックを受けたのであります」というように、言い方を工夫するとか。

日本笑い学会では、隔年で「笑い、ユーモアに関する著作、論文、エッセイ」の中から優れた作品を表彰しており、今年で第４回目。本年は、先の『ユーモア力』が「日本笑い学会賞佳作」に選ばれ、８月の第21回日本笑い学会大会において表彰式が行われた。

笑いの効用を説いた本は多いが、企業の現場において、いかにしてユーモアを生み出すか、現場での研修活動の実際を記録した本はない。実践の記録が貴重である。

（２０１４年９月）

第6章　ユーモアのこころ

私をおばあちゃんと呼ばないで

98歳の柴田トヨさんの書いた詩集『くじけないで』（飛鳥新社、2010年）を読んだ。書店では、レジの横に積み上げてあったりするので、よく売れているのかなと想像する。立ち読みすると、すぐに読めそうな気がするが、ひとつひとつがなかなか味わい深い。これはゆっくりと読まねばと買って帰る。

トヨさんは、ヘルパーさんに世話になっているが、20年間一人暮らしで、今も元気だ。あとがき風の『朝はかならずやってくる』で、98歳の人生が短く語られている。詩作は90歳を過ぎてから始めたそうだ。64歳の一人息子が、毎週土曜日に様子を見に訪ねてくる。「息子に見せ、朗読しながら何度も書き直します」という。

母の朗読を息子が聞き、二人が話し合って詩が完成していく。きっと笑い合いながら和やかに会話が弾んでいるのであろう。詩作の喜びもさりながら、息子と楽しい会話が交わせたことがうれしいに違いない。母子の至福の時間かもしれない。

90年以上も生きていると、つらいことやしんどいことがいっぱいあったと思うが、それが忘れられ、楽しかったことが残る。『忘れる』という詩が書かれている。

「歳をとるたびに　いろいろなものを　忘れてゆくような　気がする　人の名前　幾つもの文字　思い出の数々　それを　寂しいと　思わなくなったのは　どうして　だろう　忘れてゆくことの幸福　忘れてゆくことへの　あきらめ　ひぐらしの声が　聞こえる」。最後は一転して「ひぐらしの声が　聞こえる」となる。素晴らしい転換だ。まさに90代の心境と言うべきか。今、ひぐらしの声が確かに聞こえる、この現在の感性が大事だ。

確かに歳をとると忘れることが多いので、医師や看護師には子どもを扱うような態度をとる人が出てくる。失礼なことを平気で聞く。それをトヨさんは、ユーモアでちくりと刺す。

『先生に』という詩。「私をおばあちゃんと　呼ばないで　『今日は何曜日？』『9＋9は幾つ？』　そんな　バカな質問も　しないでほしい　『柴田さん　西条八十の詩は　好きですか？　小泉内閣をどう思います？』　こんな質問なら　うれしいわ」。

『96歳の私』と題した詩。「柴田さん　なにを考えているの？　ヘルパーさんに聞かれて　困ってしまいました　今の世の中　まちがっている　正さなければ　そ

う思って　いたからです　でも結局溜息をついて　笑うだけでした」。

トヨさんは、自然とよく会話をする。「雲」「風」「陽射し」「空」「星」などの自然がよく顔を出す。『空』という詩がある。

「さびしくなったら　私、空を見るの　家族のような雲　日本地図のような雲　追いかけっこを　している雲たちもいる　みんな　何処へ　流れていくのかしら　夕暮れには茜雲　夜には満天の星　あなたにも空を見上げるゆとりが　必要よ」。

最後の「空を見上げるゆとり」が素晴らしい。トヨさんの詩には「ゆとり」があることに気がつく。これはユーモアの心ではないか。空や雲と話ができる心の広さ、大きな自然の動きの中で自分を見つめる目線に感心する。

（２０１０年12月）

『十時半睡事件帖』のユーモア

私たちは通常「笑い」という言葉で、笑いに関するさまざまな現象を言い表しているが、一方で「ユーモア」という言葉も使っている。ユーモアは英語のhumorを日本語化したものだが、「笑い」と共通した意味を持ちながらちょっと違った意味を担っている。

今回は、そのちょっと違った「ユーモア」について探索してみたい。きっかけはケーブルテレビの「時代劇チャンネル」で再放送（２００９年11月）された『十時半睡事件帖』（全23話）を見たことにある。

「事件帖」は１９９４（平成６）年から１９９５（同７）年３月にかけて、ＮＨＫ「金曜時代劇」で放送されたものの再放送である。最初の放送も見たし、再放送も見て、今回は３度目である。原作は白石一郎、主人公の十時半睡を演じているのは新国劇の名優・島田正吾である。島田正吾は２００４（同16）年に98歳で死去し、このテレビドラマは89歳での出演である。

15年も前に放送されたドラマだが、物語性もカメラワークも音楽も全然古く感じられない。島田の老熟した演技は何度見ても味がある。事件解決後は大体決まって島田の独酌シーンで終わる。この一瞬に人生の幸せがあるかのように、実にうまそうに杯を傾ける。

十時は藩内で総目付の立場にあって、解決が難しい事件の相談に応じている。個人が相談に及ぶケースもあるが、多くは若い目付衆から持ち込まれる。対立やもめ事は、互いの主張に折り合いがつかず平行線をたどることで生じる。たとえ両者に理があっても、解決はみなければならない。大した事件でもないのに世間が騒ぎを大きくする場合もある。

第3話の「刀」では、勘定奉行の息子が若侍同士の喧嘩から刃傷《にんじょう》ざたになり、父親は息子に腹を切らせ、自らは辞職を願い出て、佩刀《はいとう》は竹光にして真剣を不要と提言する。その提言をめぐって藩内は、竹光派と真剣派に別れて議論が沸騰。険悪な空気が生まれだす。侍社会においては、いくら天下太平とはいえ「刀は武士の魂」。ではどうすべきか。

若い目付衆に対して彼は「うやむやにすることだ」という。若侍はびっくり仰天。黒白をつけない「うやむや」にする解決法など彼らには思いもつかないわけだ。でも何も手を打たないわけにはいかないから、勘定奉行を「謹慎1カ月」として、「後はほっとけ」である。奉行の処分は誰の目にも甘く見えるが、騒ぎの波はおのずと引き、奉行も立ち直れる。黒白を付けてすっきりさせるだけが能ではないというわけである。

第9話の「人まね鳥」では、現代にもそっくり当てはまるような教育ママが描かれる。亭主は自らの家格を卑下し、「父親のようになるな」という女房の教育に抵抗もできず、劣等感を抱いたまま趣味の魚釣りに明け暮れている。十時は、教育ママを叱るのではなく、劣等感に甘んじて堂々と胸を張って歩かない父親を叱る。父親が胸を張って夫婦が仲良く過ごせば、少年は「ほっとけ」なのである。父親の立ち直りで家庭に平安が戻り、少年も立ち直る。

目先の騒ぎから距離を置き、世間体や定法にこだわらず、人間の真情を見抜き、緊張・対立を和解に導くのは、まさにユーモアの精神と言えると思った。

（２０１０年1月）

狂言『宗論』の今日性

6月、大阪の大槻能楽堂で「善竹兄弟狂言会」を見た。善竹隆司と善竹隆平の兄弟で開催する狂言会で、今年で10回目を数える。演目は、『蝸牛』と『宗論』、そして新作の『おさか』の3作品。私のお目当ては『宗論』にあった。どんな狂言かテキストで知ってはいても、能舞台で本格的に演じられるのを見たことがなかった。

『宗論』は、法華僧と浄土僧が宗派の違いから「宗論」を戦わせるが、最後には和解するという物語。法華僧は、甲斐の身延山に詣でて京都への帰途にあり、また浄土僧も信濃の善光寺から京都へ帰る途中で、二人が出会う。最初は旅の道連れというこことで、仲の良い会話が弾んでいる。

しかし、宗派の違いが明らかになると、途端に相手の宗旨を攻撃、悪態のつき合いとなる。二人は、道中同じくして宿も共にする。口論がますますエスカレートし、念仏と題目を競い合う。そして、道中最後の宿で、早朝から競い合うが、うっかりと浄土僧が「南無妙法蓮華経」を唱え、法華僧が「南無阿弥陀仏」を唱えてしまう。そのしくじりに両僧はハッとするが、笑って「法華も弥陀も隔てはあらじ」と謡い、和解する。より大きなものを悟って、こだわりのあほらしさに気がつくわけである。

矛盾や対立は世の常で、いつまでも意見を戦わせていたら、どこまで行っても平行線で交わることがない。しかし、現実世界では、対立を超えてどこかで交わる必要がある。ユーモアには、自らのこだわりに気づかせ、心を開いて、より一層高い次元、より普遍的な価値の存在を気づかせてくれる効果がある。

対立と紛争がまき散らされる世界にあって、『宗論』のユーモアの今日性がもっと注目されてよいと思った。

（2012年8月）

三浦雄一郎80歳のエベレスト登頂

プロスキーヤーで冒険家の三浦雄一郎さんが、5月23日、エベレストの登頂に成功した。80歳で8848メートルを登頂したという「最高齢登頂」が注目を浴び、ニュースは世界を駆け巡った。人間の身体的・精神的限界を一歩超えた挑戦であったことは間違いない。三浦さんは、70歳と75歳の時に登頂に成功しており、その経験に学ぶところも大きかったと思われる。

テレビ中継で、いよいよこれから頂上を目指す、という最終キャンプ地の模様が伝えられた時、「これから手巻きずしを食べます」とか、「持参したお茶とようかんでお茶会を開きます」などの場面が映された。

私は、これは三浦さんの人柄と経験が生み出したユーモアではないかと思い、大変感動を覚えた。これまでの疲れとこれからの緊張が同居する場面での「お茶会」である。同行していた次男の豪太さんはじめ協力スタッフも、思わず笑って気持ちを新たにしたに違いない。

登頂を果たした三浦さんの「年齢に負けてはいけない」「頑張って、頑張って」「夢は実現した」という言葉が、何度も繰り返し伝えられたが、私が特に興味を持ったのは、三浦さんの奥さんの言葉であった。登頂第一声の電話が、日本の留守宅に届いた時に、長女の恵美里さんと奥さんが電話に出る。恵美里さんは、素直にお祝いの言葉を述べるが、奥さんは、普段の会話の調子で「早く降りていらっしゃいよ」と言う。

熱を帯びた緊張が解けて、私は笑ってしまった。奥さんとしては、ヤンチャな子どもを諭すように、恐らくはこれまでにも何度となく「早く降りていらっしゃい」と言ってきたのではなかろうか。

（２０１３年７月）

榊莫山のユーモラスな世界

榊莫山の展覧会を見た。氏の遺志によって108点の作品が三重県立美術館に寄贈され、それを記念して「受贈記念 榊莫山展」(4月7日～5月20日)が開かれた。展覧会では、莫山芸術の全体が展示されていた。詩・書・画を一体とした作品が多く目に留まったが、どの作品にも「ユーモアの心」があふれているように思われた。莫山の書には、文字の「規約性」を超えた自由なイメージがあふれる。その洒脱《しゃだつ》なイメージに引き込まれ、思わず心が和みニコリとしてしまう。

例えば女という「字」。さまざまな形の女が書かれており、確かにそれは女の「字」であるのだが、「画」のようなのだ。粥という「書」も面白かった。まるで釜の中で米が踊っているような感じがした。

莫山は「画」も好んで描いている。しかし、「画」だけでは意味が定まらないのであろうか、言葉が呼び出され詩が添えられる。野菜やカレイやエビなど、日常よく目にする当たり前の静物が「画」として描かれ、余白に詩文が書き込まれる。

例えば、ダイコン1本だけのスケッチに添えられた言葉。「柱時計ハトマッタママダ。誰モイナイ昼サガリ。裏山デ啼イテイルノハ何ノ鳥」と書かれる。農家の風景全体が浮かびあがるではないか。ダイコン1本のイメージに、重ねられた文字の力を感じさせられる。莫山は、やはり書家で、文字の力をよく知っていた人という印象を強くした。莫山の最晩年のエッセイ集『莫山つれづれ』(新潮文庫、2006年)を薦めたい。

伊賀が生んだ元永定正と榊莫山

伊賀が生んだ巨匠、元永定正さんと榊莫山さんの「二人展」が、三重県の伊賀市文化会館で開かれた。これまでにも「二人展」はあったが、郷里の伊賀で行なわれたのは初めてという。私は、2月11日の「ギャラリートーク」の日に訪れた。展示は、三重県立美術館の移動展示で、展示数に限りがあったが、それでも2人の作品を並べて見ることができたのはラッキーであった。

榊さんについては、これまでに何度か見てきて、その個性の強さ、根底に漂うユーモアに感銘を受けてきたが、今回、元永作品に初めて触れて、榊作品と同様に強い個性を感じると同時に共通のものを感じさせられた。自由奔放、既成の枠の中に捕らわれない独創性を特徴としながらも、それでいて一定のメッセージを内包している。それは「ユーモア」ではないかと思ったのである。

元永さんの丸味を帯びた造形が独特だ。単純な丸味の形は、それだけでも面白い。一見複雑に見える世界も、向こう側をのぞいてみれば、単純なものに違いない。複雑さと単純な造形との落差に思わず笑ってしまう。一番印象に残ったのは、元永さんの若い時の『作品』（１９５６年）であった。神戸の町から摩耶山を見て描いたと言われているが、丸味を帯びた山は、指先とも見えるし、地球とも思える。その上の黒い点は、山の上のネオンと言われているが、アリとも見えるし人間とも見える。地球上のちょこまか動き回る人間と思うと、思わず笑いが出てくるではないか。

（２０１３年４月）

福田繁雄の「ユーモアのすすめ」展

「ユーモアのすすめ　福田繁雄大回顧展」という展覧会が三重県立美術館で開かれ

た。私は9月4日の最終日に出掛けた。台風の接近もあり、雨模様だったので、来館者も少ないのではないかと思っていたが、小中学生を連れた家族が結構あってにぎわっていた。

私は美術館の「友の会」会員でもあるので、美術館には時々足を運ぶ。津駅から歩いてさほど遠くなく、小さな丘の上のたたずまいが私はとても気に入っている。着いたのがちょうど昼時で、まずは美術館内のレストランに向かう。眺望を楽しみながら、手頃なフランス料理を味わう。実はこれも美術館に行く楽しみのひとつだ。

「ユーモアのすすめ」という題が、私はとても気になっていた。美術展で「ユーモア」の展示はとても難しいと思っていたからである。これまでにも絵画展で「日本の美 笑い」（島根県立美術館、福岡市美術館、2000年）とか「日本美術が笑う」（森美術館、2007年）が開かれてきたが、「笑い」や「ユーモア」をテーマにした美術展は決して多くない。それらは、これまで日の目を見なかった笑いや滑稽を表現した美術作品を再評価する機会にもなり、心が和む展覧会ではあったが、絵を見て笑い出してしまうということはなかった。

今回の福田作品には、思わず声を出して笑ってしまうというのがあって、視覚の不思議さに驚かされた。「錯視」の現象として、エッシャーの「滝」、ルビンの「壺」や「ウサギとアヒル」の絵のことは、多くの人が学校の教科書で一度は見たことがあるかも知れない。「壺」と思って見ていながら、目の焦点を少しずらせば、人間の顔に見えたり、落ちて来る「滝」と見えながら、水は平面を流れているように見えたりする。左に眼の焦点が動くと「ウサギ」に見え、右に寄ると「アヒル」に見える。

福田作品にもエッシャーやルビンと同じような絵があるのだが、私が思わず声を上げて笑ってしまったものに鏡を使った作品があった。手前に、実際のピアノのがれきが積み上げてあるだけに見えるのだが、それが向こう側の鏡に映ると、立派なグランドピアノに見える。鏡には何の仕掛けもない。また実物のスプーン、フォーク、ナイフのがらくたをがれきのように積み上げて、その影を平面に映し出すと、それがオートバイに見える。不思議な感覚に襲われてしまう。

鏡は、実物を客観的に映し出すものと思っている。でもここでは、眼前に見るがれきの山（巧妙に積み上げられている）は、ピアノには見えない。鏡の前の実在と鏡像とが一致しないのだ。こんなことがあり得るのかと、ハッとさせられる。眼前に見えるものが確かなものだと思っていても、実はそれは影かもしれないし、実は確かなものとして見ていたものが影であったりする。人間の眼の不確かさを思い知らされる。

ユーモアは、別々の領域のものが、同時的に結び付く時に起こる。言葉のしゃれが面白いのは、二重にかけてある意味が瞬間的に結合するからである。美術館を後にした時には、福田作品の「ユーモアのすすめ」に酔ったような気分であった。

（２０１１年11月）

成瀬國晴個展「時空の旅」のユーモア

９月の初め、「なんばパークス」で著名なイラストレーター・成瀬國晴氏の個展を見た。ちょうど70年前に自らが体験した「学童集団疎開」を描いた77点の展示である。１９４４（昭和19）年に政府の方針で、都市部の児童が、田舎に疎開を命じられたのだった。親戚の縁故をたどるか、縁故のない子は「集団疎開」をしなければならなかった。

当時、成瀬氏は大阪の難波にある精華国民学校の3年生で、同19年8月に滋賀県愛知郡（現東近江市）の東押立村宇平松（現平松町）に男子32人の仲間と共に集団疎開をすることになった。慣れない田舎の生活、ひもじい経験、友人の脱走など疎開生活の苦しい場面の数々を、仲間の証言も集めて再現。どの絵もディテールの描き込みが克明で感心する。珍しい「五右衛門風呂」、シラミの発生、雪中の登校、肥たんご（肥桶）を担ぐ仕事など、つらい体験が描かれるが、また同時にイナゴ捕りやドジョウ捕り、餅つきなどの楽しい場面も登場する。いずれも、少年たちが生き生きと描かれているのに驚かされる。

私は、成瀬氏とは同年で、親が「縁故疎開」を選んだ。一人での疎開で仲間がいなかったが、田舎生活の体験は同様で、見ていて私自身の「疎開」がよみがえったような気がした。つらくて苦い思い出であるはずなのに、描かれた少年や少女の絵には、明るさが漂っている。苦しかった体験がユーモアの心として昇華しているのだと思った。「疎開」を知らない人々の心にも響くものがあるに違いない。

（２０１４年11月）

「山笑う」のユーモア

「山笑う」という言葉がある。広辞苑には「春の芽吹きはじめた華やかな山の形容」とある。新緑の頃になると、模様が描かれたような山肌が見える。樹々が一斉に芽を吹いているわけだ。それが模様のように見える様子を「山笑う」と表現したのであろう。

実際に山が笑うわけではないが、見る人の心が、「笑っている」と感じるのであろう。その伝でいけば、見事に咲いている花を見て「花が笑っている」という言い方もあってよいわけだ。「笑う」の字も、昔は「咲う」と書いたというから、「花が咲く」を「花が笑う」と感じても不思議ではない。

５月の半ばの月曜日、「五月晴れ」に恵まれ、花と緑が見たくなって、室生（奈良県宇陀市）の「花の郷　滝谷花しょうぶ園」に出掛けた。家内が道の駅宇陀路室生の「こもれび市場」にも寄りたいというので、その時間も見計らい、「滝谷」で昼食が取れればよいかと9時半ごろに出発する。

室生までの国道165号線も、車が少なくて天気が良いと、緑の中を走る感じで実に快適だ。「こもれび市場」の朝市では、地元の野菜がいっぱい並べられている。私は、花と野菜の苗売り場を見て、何か苗を買いたくなってしまう。若い時には、庭の片隅でトマト、ナスビ、ピーマンなどを育てたことがあって、その時の記憶がよみがえったのであろう、育ててみようかという気になる。ミニトマトの苗を2本買った。

「滝谷」に着くと、まだ時間が早いせいか、客人はまばらで、庭の手入れをする作業員の人たちが目立つぐらいであった。シバザクラは盛期を過ぎていたが、所々に鮮やかな色が残っていた。テッセンはまだこれからという感じであったが、色鮮やかに大きく咲いた花は、「笑って」いると言ってもよいぐらいであった。

「滝谷」は、まさに谷に用意された庭園という感じで、そんなに広くはない所に、季節の花々が植えられ、所々に設けられた茶屋風の休憩所からは、取り囲む山々の緑と谷の全貌が見渡せる。私は、芽を吹きだした緑がとりわけ美しいと思った。どこにウグイスがいるのかは見えないが、変化に富んだ鳴き声が谷に響き渡る。自然の全体がひとつに溶け合ったような心地よい空間を作り出していた。

確かに、遠くに見える山々には、新緑の模様が見えるような気がする。近くに見える樹々の緑は風に揺れながらキラキラ光って笑っているかのようである。こうした緑の様を「山笑う」と言ったのであろう。そう感じ取るのは、それを見る人間が、山々の美しさを受け入れ、自然に共鳴して、自分の心が心地よく「笑って」いるからではないか、そんな気がしたものである。

茶屋で弁当とお茶を買う。大きな茶屋には、私たち以外に客はなく、全体を一望できる席に座ることができた。弁当もお茶もおいしいと思ったのは言うまでもない。自宅から、ほんの少し車を走らせて、こんな空間に憩えるのは何と幸せかと思ってしまう。

帰り際に門を出た所に喫茶室がある。庭園に面して作ってあって、中からも庭が鑑賞できる。庭園の余韻を楽しむというか、喫茶室でお茶を飲む。音楽会の後、その余韻を楽しむ風情とよく似ているかなと思う。楽しい「山笑う」であった。

（2011年7月）

祝 出所せんべいと網走監獄

今年の夏は連日の猛暑であったが、その暑い最中、家内同伴で北海道に出かけた。札幌で仕事を済ませて、私達は女満別空港に飛んだ。網走市に下宿する大学1年生の孫に会うためであった。空港には、孫が迎えに来てくれていて、レンタカーで網走市内を見てまわった。車は、免許取りたての孫の運転で、私達は「安全運転」に安堵する。

私達は市内のホテルに宿泊、2泊3日を3人で過ごすことになった。美味しい魚と肉のレストランを巡って、私達は、新鮮な料理に舌鼓をうった。網走は、海はオホーツク海に面し、魚類の種類が多く、背後には広大な草原・牧場が広がり、野菜や肉の種類も豊富で「食料の宝庫」と言われており、孫がこの地での「食品研究」（東京農業大学オホーツクキャンパス）を選んだ意味がよく分った。

網走は「網走番外地」の映画や歌で全国的に有名になった。その網走監獄が今では、国の重要文化財に指定され「博物館網走監獄」として観光名所になっている。「監獄の黒ビール」があり、「祝 出所せんべい 網走監獄」が売られている。そのユーモア精神に感心して、私達は「出所せんべい」をお土産に買って帰った。

（2016年10月）

川柳は四季（死期）がないのでよろしい

さる8月2日、ある出版社の企画で対談をした。相手は医師で、現在は「淀川キリスト教病院」理事長の柏木哲夫先生であった。先生は、日本で初めて「ホスピス」を開設、長年終末医療に当たってこられ『ベッドサイドのユーモア学』や『癒しのユーモア』などの著書がある。聞けば、これまでに約2500人の患者を看取ってきたという。患者の苦痛の緩和と看取りは、それがいくら専門医の仕事とは言え、重くてしんどい仕事であるに違いない。

仕事のストレスを和らげたい、そんな気持ちでいた50代の時、川柳に出会った。

川柳のユーモアに救われる思いがしたと言う。ユーモアは、重くて沈んだ心を吹き飛ばしてくれる。先生は、患者の言葉に敏感で、出来ればユーモアで応じたいと考える。時には、自作の川柳を披露して、相手のユーモア・センスを引き出す。俳句を愛好していた患者がある時「川柳は四季（死期）がないのでよろしい」と言った。入浴してふらつきながら戻ってきた患者とのやり取り。「どちらへ？」「ニューヨークまで」「ちょっと足元が？」「時差ぼけです」。笑いが病室に満ちる。明るい病室がとても大事だと先生は言う。

（2018年9月）

「和讃」の合唱に涙と笑い

6月10日、梅雨の晴れ間をぬって「京都コンサートホール」に出かけた。まずそのホールの大きさと形に驚かされる。1800人が入る大ホールは、広い舞台がやや中央よりに作られ、舞台の後ろにも左右にも客席が設けられている。

宗教音楽の作曲家平田聖子の作品が演奏された。親鸞聖人の「和讃」を歌詞として作曲された音楽である。「和讃」は七五調の和文で書かれ、語りだけでも胸に響くが、洋楽の伴奏がついて独唱と合唱で歌われる。「和讃」の作曲は1995年が最初という。舞台では、独唱と合唱、ピアノや弦楽器も入った器楽演奏もあり、私は「和讃」のオペラを聴いているような気がした。洋楽のメロディーにのった「南無阿弥陀仏」を初めて聞いた。「南無阿弥陀仏」の言葉が、なぜか私の心に響く。

最後に大きな舞台とその後ろの客席を使っての大合唱が始まる。350人ぐらいがいたであろうか、全国から馳せ参じた「和讃を歌う会合唱団」が登壇し、大合唱が会場にこだまする。そして、会場の全員が「弥陀の名号唱えつつ」を大合唱。私も声を出す。聞きなれた言葉にもかかわらず、私の心は高ぶり、何故か自然に涙が溢れ、そして同時に笑顔になっていた。

（2018年7月）

第7章　デジタル時代と笑い

あの大きな笑い声はどこに

大阪に出掛けて帰宅する時、急行（近鉄）を利用することが多い。午後4時から5時くらいの時間帯だと、沿線のいろんな人たちが乗り降りする。特に高校生が目立つ。2、3人とか4、5人の友達同士で乗車してくるが、彼らは一様に手にスマホを持っている。かつては、やかましいくらいによくしゃべり、車中には笑いが響き渡っていたものだ。

ところが、今や様子は一変した感じだ。彼らは会話をすることなく、座席に座ると、一斉にスマホを操作しだす。向かいに座っている私は、読みかけの本を伏せて、彼らの様子を見る。横一列に座って一斉にスマホを操作している光景は、そろって経本を手にしているかのように見える。面白いメールを紹介し合ったり、写真を見せているのであろうか、隣同士で、時折小声で話し合ったりしている。一人で乗ってくる生徒もいるが、乗車するとすぐにスマホに取り掛かる。

かつては若者の大声を迷惑にさえ思ったものであるが、静かに一斉にスマホに向かっている彼らを見ると、不気味にさえ思えてくる。あの元気な笑い声はどこへ行ってしまったのであろうか。

（2015年8月）

あなたのスマイル度を測ります

表情の中で「笑顔」は不思議な働きをする。病室の友を見舞って、患者が笑顔で出迎えてくれたら、まずはそれだけで救われた気持ちになる。通りすがりのあいさつでも、相手に笑顔があると何か穏やかな気持ちが流れる。会議に遅れてきた人にも笑顔があると、強く叱れなくなる。ボランティアで作業を手伝って、ホッと一息ついたら、みんな笑顔で汗を拭いている。気持ちの良い瞬間だ。仲間にすてきな笑顔の人がいたら、それだけで周りの空気が明るく感じられる。

しかし、普段から笑顔の少ない人はいる。別に怒っているわけでもないが、笑顔が出にくいのである。また自分では笑顔があるつもりでも、他から見るとそうでもない人もいる。普段は笑顔がある人でも、深刻な悩みがあったり、病気になったり、問題を抱え込むと、笑顔が消えてしまうということがある。

笑顔は無意識的に自然と出る場合と、相手や状況に合わせて意識的に作り出す場合があるが、いずれにしろ、笑顔は他から見られるもので、カメラで撮ることができる。カメラで撮って「スマイル度」を測定する技術が登場した。

オムロンが、「スマイルスキャン」という技術を開発したのである。日本笑い学会では、4月の「オープン講座」にオムロンの「ソーシャルセンサソリューション事業部」の人を招き、「スマイルスキャン」の紹介と実際の測定をしてもらった。

カメラに向かって座り、笑顔を作りパソコンに顔を映し出す。すると、パソコンは直ちに測定を開始して、瞬時に「笑顔度」を数値で表示してくれる。笑顔の度合いは0～100％の間で判定される。私も実際にカメラの前に座り「ニッ！」とやってみた。89％と出る。他の人の数値では95％と出ている人もあって、私の笑顔度は低いのかなと思っていると、45％しか出ないという人もいた。この人は、笑顔をしているのにどうして低いのだろうと不思議がっていた。ちなみにアメリカのオバマ大統領の笑顔は98％、かの有名な「モナリザの微笑」は17％と出るそうだ。

オムロンの説明では、この「スマイルスキャン」の基礎には、500万枚の笑顔情報のデータベースがあり、それを基に特別のソフトウェアが開発され、目や口の形や顔のしわなどの情報を測定して、「笑顔度」を算出することを可能にしたという。

「スマイルスキャン」には個人別に笑顔測定の履歴を記録しておくことができ、その中で最高度の笑顔画像が取り出せるし、笑顔度を高めるトレーニングもできるという。

まず笑顔が自然に出てこない人や少ないと感じている人にとっては、トレーニングの有力な技術となるだろうし、笑顔のある人にとっては、笑顔度を確認して自信を持つことができるだろう。作り笑顔であろうと、自然な笑顔であろうと、500万枚の顔画像の情報には全てが含まれていると考えられるから、すごいソフトが作られたものだと思う。漠然とした笑顔が、「笑顔度」という数値で測られることは、「笑いの科学」に通じる試みと言える。あってもなくてもよい笑顔ではなくて、「笑顔」の大切さを再認識させる良い機会が与えられたように思われる。

（2009年3月）

笑いの量を測る

関西大学の木村洋二教授（故人）は、笑いの量を測定出来ないかを考え、その測定機を開発し、笑いを測る単位を公表した。反響は大きく、国内だけではなく、外国にも広く報道された。２００８年2月のことである。笑いを測るというのは、世界で初めての試みで、木村教授は測定機を「横隔膜式笑い測定機」と名づけた。

笑うと横隔膜が振動する。笑う際に筋肉が動く時に発生する電位の変化を一秒間に３０００回測定し、検出したデータを開発したプログラムにかけてコンピュータ上にグラフ化して表示する。つまり笑っている状態をリアルタイムで視覚的に確認するのである。そればかりでなく、その笑いの量を測って数値化することを考え、数値の単位をaH（アッハ）とした。測定機は「アッハメーター」とも呼ばれている。

メーターは、

（1）剣状突起上につけた皮膚表面電位を測定するセンサー

（2）データを解析するプログラム

（3）解析結果を表示するディスプレー

の3つのユニットから成る。

実験では、剣状突起、大頬骨筋、腹筋の3カ所にセンサーを付けて、笑いの種類によって、それぞれの部位が違った反応を示すことを明らかにした。「大笑い」「含み笑い」「こらえ笑い」「漏れ笑い」「作り笑い」「愛想笑い」「空笑い」での反応では、剣状突起は、「大笑い」「含み笑い」「こらえ笑い」「漏れ笑い」のみで反応を示した。健康との関連で言えば、これらの笑い量がキャッチされれば十分ではないかと思われる。

現在の測定機は、実験上形も大きいが、やがては小型化が可能になるだろう。剣状突起にセンサーをつけ、振動を電波で飛ばし、ポケットに入れた小型軽量の受信機でキャッチして、笑った量を数値で表示するということが可能になるかも知れない。そうなれば、万歩計のように毎日の笑い量を把握することができるわけだ。今日は2000aH笑ったとか、1000aH笑ったとか、あるいはゼロであったとか、笑い量を記録することができるようになると、笑いと健康との関連がもっと科学的に語れるようになると思われる。

木村洋二教授は、不幸にして２００９年の8月に急逝し、現在は彼の残した若手研究者達が「笑い測定機」を受け継いで、小型化を含め、更なる精密化とその応用について研究を続けている。既に３つの特許も出願しており、彼ら若手が面白い実用化を考えてくれるであろうと私は確信しているし、楽しみにしているところである。さまざまな応用が考えられて夢が広がるのである。

（２０１０年12月）

注：木村教授亡き後、若手研究者が「特定非営利活動法人 プロジェクトaH」を設立して、更なる研究・開発に取り組み実用化を目指したが、成功に至らず、現在は活動を停止。

ＬＩＮＥの笑い

私の仕事は、まずパソコンの前に座ることから始まる。原稿書きはパソコンだし、用件のやり取りはパソコンのメールで済まし、たまに電話を使う。外出の時はスマホを持って出るが、使うことが少ない。使用範囲は至って狭く、電話をかける、ラジオを聞く、アプリの「スマートニュース」を読む程度である。子どもたちから何のためにスマホを持っているのかと揶揄されている。

ところが、私の妻は、スマホのさまざまなアプリをエンジョイしている。最近になって「ＬＩＮＥ《ラ イ ン》」も使い始めた。私はのぞき見るだけだ。若者にとっては当たり前のアプリであるが、妻がＬＩＮＥを使うようになってから、子どもや孫との交信が増えたようだ。

これまでのメールは、文字と簡単な絵文字程度のメールであったが、ＬＩＮＥでは、さまざまな仕草や表情の入った「スタンプ」を入れることができる。文字は簡単にして、自分が表現したいこと、感じていることの仕草など、用意された多様なスタンプから選ぶ。返信で面白いスタンプが返ってきたら、その意外性に驚き、大笑いする。メール交換でこんなに笑うことがあるのかと感心する時がある。

（２０１６年３月）

おじいちゃんの鼻毛も映っている

デジタル化が進んで、「電子書籍」が普及しつつあるという。スマートフォンは確かに増えたことが分かる。若者たちは圧倒的にスマートフォンだ。即座に情報を引き出し、拡大や縮小を自在に楽しんでいる。電子書籍を読んでいる人に出会うことは少ないようだが、電車の中などで見掛けることがある。

年をとってくると、機械の操作が苦手となる。とはいえ、便利な機械は使ってみたいと思う。先日、私と同い年の画家の友人に出会ったら、iPadを持っていて、嬉々としてその説明をしてくれた。まだ買ったばかりで興奮冷めやらないという感じで、まるで子どもが手に入れたおもちゃを見せたがっているかのようであった。

画家の友人は、自分の描いた絵を全てiPadに収めており、いつでも取り出せるようにしてあるという。実際に何枚かを見せてもらったが、色彩は鮮やかで、なるほど、これで自分の作品をどこへでも持って歩け、人に見てもらえるというわけだ。「これは素晴らしい!」と説明を聞くうちに、私も欲しくなってくる。この小型のiPadを持ち歩くだけで、自分の書斎を持ち歩くことと同じようになり、たくさんの本が読めるようになるという。そうなれば、今の小型パソコンの比ではなくなる。

デジタル化が進んで、実に便利な社会になった。欲しい情報は、『検索』をかければ、即座に手に入る。紙の辞書なら、単語の前後の余分な情報に触れながら目的の単語にたどり着くが、電子辞書だと、余分は省略され、即座に訳語が出て、求める情報だけが手に入る。

1月25日、私はＮＨＫ総合の番組『歴史秘話ヒストリア』という番組に少しだけ出演した。午後10時からの番組で、「井原西鶴」を取り上げたものだった。取材は1時間ぐらいあったが、番組で使われた箇所は、ほんの数秒のコメントであった。制作者が文脈に応じて、必要なところだけを引用したわけである。

私は、子どもと孫たちだけに、出演の予告をしておいた。もし映らなかったとしても、子どもたちなら迷惑を掛けることもないというわけだ。子どもも孫も、それぞれに忙しいので、録画したという。

私は、テーマが「井原西鶴」なので、孫たちがどういう見方をしたのか知りたくて、翌々日に電話をした。孫たちは、既に学校で井原西鶴については学んでいるので、関心を持って見てくれたであろうと期待していた。番組の全部を見て、その上で私の出演部分も見てくれていると思い込んでいた。

私は、まず「全部を見てどうだった？」とたずねると、「全部なんか見てない。おじいちゃんの出ているところだけを見た」という。私は、録画でも冒頭から見てくれていると思い込んでいたので、全く期待が外れてしまう。

なるほど、今時の録画では、見たいと思うところだけを見るのは容易だし、「おじいちゃんの画像」を見るのが目的だから、まさにデジタル的にアクセスすればそれでよいことになる。画像も静止画でゆっくりと見ることができる。孫からは「鼻毛も映ってたよ」とコメントされて大笑いしてしまった。

（２０１２年３月）

枕元で聞くスマホラジオの英会話

携帯電話をスマホに切り替えてから、ラジオをよく聞くようになった。音質も良くて聞きやすい。手軽にどこにでも持ち歩きできるので便利が良い。私は枕元に置いて聞くことが多い。就寝前や目覚めた時には、ついスイッチを入れてしまう。NHKの第2放送では、朝6時45分から『ラジオ英会話』が始まる。6時半頃に目覚めるので、6時45分開始が、ちょうど頃合いというところである。若い時には英会話に苦労したが、この年齢では何の役にも立たないのに聞き入ってしまうのはなぜなのだろう。

何が面白いのか。番組では、講師の遠山顕さん、パートナーのケイティーさん、ジェフさんの組み合わせが絶妙で、よくアドリブが入り、英語で冗談を言い合うのである。分からない時の方が多いが、それが理解できた時は、何か謎が解けたような痛快な気持ちになる。私は、簡単な日常単語で語られるイディオム（慣用句）が苦手である。例えば、9月10日の放送では、「a slip of the tongue」が「口がすべること」であるとか。「keep a straight face」が「笑いをこらえる」という意味であるとか、こんな言い回しに「なるほど」と感心してしまうのだ。（2015年10月）

ケーブルテレビの『8時だヨ！ 全員集合』に爆笑

２０１１（平成23）年を期して、テレビ放送が全面的に「デジタル化」されるというので、我が家もついにデジタルテレビに買い替えた。きれいな画像を楽しもうとすれば当然大型となる。

人間の視覚というのは勝手なもので、最初は「きれいな画像だ！」と感心していたが、見慣れてくると、それが当たり前になってくる。大型も、最初は「迫力がある」などと喜んでいたが、それもすぐに慣れてしまう。私は漫才などの「お笑い」ものを好んで見るが、つたない新人の瞬間芸を見ていると、画面との違和感を覚えてしまう。技術の豊かさに内容がついていってないという感じか。「大型フルハイビジョン」にはとても対応していないと思ってしまう。

ところが、そんな思いを吹き飛ばしてくれる番組があった。それもアナログ式で録画された番組の再放送であった。ザ・ドリフターズの『8時だヨ！ 全員集合』（TBS系）である。舞台中継の番組で、舞台いっぱいにセットを組んで、このセットが演者と一体となって「お笑い」を作り出すのである。スケールの大きいお笑いバラエティーとも言うべき番組で、ザ・ドリフターズの面々が七転八倒、体を張ってコメディーを演じるのである。この再放送が、大型画面にぴったりと収まっているのに感心したが、なによりもうれしかったのは、おなかを抱えて笑わせてくれたことであった。これぞ大型フルハイビジョンの迫力ではないかと思ったほどであった。最近、テレビを見てこれほどに笑った番組はない。

『8時だヨ！全員集合』は、1969（昭和44）年に始まり1985（昭和60）年に終わった番組であったが、70年代から80年代の半ば頃までは人気が絶えない番組で、その頃に子ども時代を過ごした少年たちは幸せであったと言うべきだろう。1週間に1度は大笑いできる番組があったのである。人気の高かった70年代の前半では、毎週視聴率ナンバーワンを維持していた。しかし、親たちの人気は、子どもの教育に悪いという理由で、PTA調査では、ワースト番組ナンバーワンであった。ケーキやパイの投げ合い、生卵やスイカのつぶし合いや水の掛け合いなど、子どもたちが普段できそうにもない遊び、周囲を混沌の渦に巻き込んで痛快がる、豪快ないたずらゴッコがあったのである。とりわけ志村けんと加藤茶とのやり合いは抱腹絶倒となる。彼らの体当たり的猛烈演技は、生傷が絶えないだろうなと思わせられるほどの熱演である。

今や彼らのコメディーはＤＶＤとなって市販されているが、テレビ上での時々の再放送は、今でも十分に見応えがある。今日のお笑いバラエティーは、一人芸にしろコント芸にしろ小さくまとまって迫力がなく、テレビが大型であるだけに小さく見えてしまう。

『8時だヨ！全員集合』には、ドリフのコメディアンばかりではなく、放送局そのものに「お笑い」を提供するというまじめな思想があったと思う。

（２００９年4月）

笑いとＡＩ社会

猛暑の中、7月13日と14日の両日、「日本笑い学会」が関西大学の堺キャンパスで開かれた。今年の記念講演には、ゴリラ学の権威、京都大学総長の山際壽一教授が招かれ、「ゴリラから見た笑いの進化とＡＩ社会」という題の講演があった。

ゴリラ研究の専門家が、いきなり大学の総長を務め、今では日本学術会議会長でもある。先生の持論だが、人間社会を理解するには、それとの比較ができる対象が必要で、それがゴリラ社会だと言う。先生によれば、大学社会はジャングルに相当し、たくさんの「猛獣」が生息しており、もちろんゴリラもいる。そういう見立てで、大学を見れば、先生の言い分にも一理あるように思われる。

ゴリラは言葉を持たないので、対面交渉が重要となる。笑いや笑い声も含めて、相手に示す態度が重要。曖昧さも残るが、全体を感じ取ることが大切で、これが、現代の人間社会になると、対面交渉が減って、ＡＩに依存するようになり、伝える情報は正確さを増すが、人間の全体が見えなくなる。確かに相手の全体を感じ取ることが苦手となってきている。笑いの意味も変わっていくのであろうか、考えさせられる講演であった。

（２０１８年８月）

第8章　神々への祈り

防府市の「笑い講」神事で大笑い

気分がめいった時は、私は「笑いが減ってきているな」と自己診断をして、笑うことを心掛ける。時には、大笑いがしてみたいと思う時がある。通常は何か面白いことがあって「笑う」のであるが、人間は、面白いことがなくても笑うことができる。思い出すのが、「笑い講」に参加して笑った時のことである。楽しくも面白くもないが、まずは笑ってみる。体をゆすって大笑いする。そうすると気持ちが高揚して本当に笑ってしまうのである。笑いの不思議である。

5年ほど前に、私は山口県防府市の「笑い講」に参加させてもらったことがある。笑って福を授かろうという神事である。鎌倉時代に端を発したといわれる行事で800年以上も続いており、毎年12月の第1日曜日に執り行われている。

まず地元の「小俣八幡宮」への参拝から始まり、頭家（実施を担当する家で輪番制）へのあいさつ、座敷での神座の設営、神官の祈禱、直会、そして「笑い講」による大笑いとなる。私は座敷で見学していたが、直会からの参加が許された。日本笑い学会会長の立場を考慮してくださったのであろうか。講員以外で参加が許されたのは、地元の市長と観光協会会長だけで、私の隣にいた講員の方から『800年の歴史で外部の人が参加できたのは、あなたが初めてですよ』と聞かされた。驚いたのは私である。「笑い」の仲間として門を開いてくださったと私は感謝し、村人の幸せのためにも懸命に笑わなければと思った。

直会が終わって笑い講の神事に移った。両手でサカキの木を持って対面の人と呼吸を合わせて一緒に3回大笑いする。1回目の笑いは今年の豊作と元気を感謝、2回目は来年の豊作と元気への祈り、3回目は、今年1年の間にあった憂さを吹き飛ばす、というように立て続けに3回大笑いする。私は、思い切り笑わねばならないと思って、大きな口を開けて懸命に笑った。終わったと思ったら、長老から「大変良かった。もう一度！」と声が掛かって、もう一度思い切り大笑いをした。

こうした笑いの行事が続いている間、笑いは伝染し、とりまく家族も、観衆もみんなが笑っており、部屋中に笑いがあふれかえる。笑えば神さんも笑ってくれるであろう、神さんが笑ってくれれば福がもたらされるという信仰が生きているわけである。単に大笑いするというだけでなく、神への祈りとして行われているから、8

00年以上も続いているのだと納得した。

体験してみての感想は、まず全身の力が抜けた感じになる。息も吸ったが、すごく息を吐いた感じがして、爽快な気分になる。しばらくは虚脱、心は空っぽという感じである。笑っている間は、笑うという行為に集中する意識があるだけで、心の中は空っぽ、他には何も考えていない。日頃の雑念や妄念はどこかに飛んでしまって、笑っている自分があるだけとなる。心を無にする働きは、笑いの威力というべきで、このことを神への祈りと重ねているところに「笑い講」の知恵が生きているのであろう。とはいえ、大笑いそのものの気分爽快さも捨てがたい。せめて年に1度は大笑いをしてみたいものだ。

（2010年11月）

浜島町「鼻欠け恵比寿」で海に向かって初笑い

一年の計は元旦にあり。今年こそは実行しようと決意を固めるが、続いたことがどれだけあるだろうか。続かないにしても、年頭になにがしかの誓いは立てたいものだ。昨年は、大震災や原発事故、相次ぐ豪雨と災難が続いた。暗雲が立ち込めた

1年であったが、だからこそ言うべきか、今年はより一層大きな夢を描きたいし、笑える1年にしたいものだ。まずは正月の「初笑い」から心掛けたい。

元日の朝を迎え、家族全員がそろうと、私はもうそれだけで笑顔だ。今年もみんなが元気で正月を迎えられたという気持ちである。改まって「おめでとうございます」と丁重なあいさつを交わす。お屠蘇《とそ》を酌み交わして、一番長老の私は、何か年頭のメッセージをと話し出す。だがいつも若い者から「もう聞いた」とか「長過ぎる」とかやじられて、笑いが起こる。次いで孫たちにお年玉を手渡すが、ここでまた家族の笑いがはじける。

お雑煮をいただきながらにぎやかな会話となる。普段とは違った時間が流れる。まさに1年に1度、お正月でないと持てない時間だ。普段の日では、家族全員がそろうのは難しい。

元旦を自宅で過ごす時は、全員で近くの「鹿島宮」に初詣をする。お参りでは、小さな孫も手を合わせてお祈りをする。全員がおみくじを引くが、誰かに「凶」が出ることがある。またやり直しだ。「大吉」が出て大笑いしている孫を見ていると、今年は何かいい事がありそうな気がする。最後に、家族そろって、笑顔の集合写真を撮る。

境内で起こる笑いは、「神さん」にも伝染して、「神も笑う」のではないかと想像する。神が笑えば幸せがもたらされると、私たちは素朴に信じているのではなかろうか。「笑う門には福来たる」で、笑いが福を招くと思っている。もしお正月から怒っていたり泣いていたりすると、福が逃げてしまう。福の神もそっぽを向いてしまうわけだ。

地域によっては、村人が総出で「初笑い」を神社に奉納するところもある。志摩市浜島町の「恵比寿神社」では、「初笑い神事」というのがある。毎年1月20日に行われ、村人が老いも若きもこぞって、海に向かって大笑いする。

私は、3年前に「笑い学会」のメンバーと家内同伴で参加したことがある。曇り空で風が吹き、とても寒い日であった。海岸に沿った小高い丘の上に神社はあって、鳥居の横に大きな恵比寿さんの石像が立っている。鯛を釣り上げた恵比寿さんに色を施した石像で鼻の頭が削られており、別名「鼻欠け恵比寿」とも呼ばれている。「鼻（端）をとる」ということで「誰よりも先に大漁を！」という願いを込めて、鼻が夜ひそかに削られるそうだ。午後の1時頃から、宮司さんの祝詞《のりと》が始まり、次いで「初笑い神事」が始まる。村人も、見物客も、カラフルな恵比寿像を取り囲む。宮司さんがその中に交じって、「平成20年、初笑い！」と大音を発する。それに和して、みんなが両手を大きくあげて、「ウワーーーッハッハッハッハッハッハ」と海に向かって3回大笑いする。厳かな神事は一転し、境内に大笑いが満ちる。「海の神」にまで届けと願う大笑いであった。

（2012年1月）

夫婦そろって引くおみくじ

占いが好きな人がいるが、私の占いといえば、神社で引く「おみくじ」程度のものである。「吉」と出ても「凶」と出ても、こだわることなく、家族の健康・安全を祈って神社を後にする。

今年のお正月は、好天が続いて、初詣に出掛けた人が多かった。さぞかし多くの人がおみくじを引いたに違いない。私たちのお正月は、毎年なら、子どもや孫たちでにぎわうのだが、今年初めて夫婦だけで過ごすことになった。家の近くの鹿島宮にお参りして、二人でおなじみのおみくじを引いた。私が「吉」で、妻が「半吉」と出た。

中の説明を読むと、最後に「病気」の欄があって、私の方には「病は快方に向かう」とある。これは今年の私に当てはまるのではないかと、私はニコニコ顔である。妻の方を見ると、「介抱すれば、快方に向かう」とあった。これは我々夫婦のことをピタリと言い当てているのではないかと思われた。期せずして、二人が顔を見合わせると、大笑いになってしまった。「おみくじで、こんなことがあるのかな」と私は不思議な気がしたが、大きな笑いを誘ってくれたおみくじに感謝であった。

（2016年2月）

初詣のおみくじは「吉」がよい

お正月には、家族そろって初詣をする。家の近くの神社で済ます年が多いが、時には遠出をする。おさい銭を入れて祈願し、おみくじを引き、願い事を絵馬に託し、お守りを買う。この一連の行為は、毎年変わらないが、気持ちを新たにしてくれる。

数年前、伊勢の猿田彦神社に詣でた時、奉納された絵馬に「個人情報保護」のシールが貼ってあるのを見た。自分の願い事を他人に知られたくないという意味で、シールを貼ったのであろうが、私は笑ってしまった。そんな気の弱いことでは、神さんにも通じないのではないか、と思ったものだ。

今年は午（馬）年で、年賀状では馬が大活躍していることと思われる。疾走する馬もあり、いななく馬もあり、笑っている馬もあり、さまざまな馬が描かれていることであろう。

馬は果たして笑うのか。動物学的には、馬は笑わないとされているが、馬が目を細めていななく表情を笑っていると考えるのは人間の解釈で、馬好きの人が「馬は笑う」と考えても別におかしくはない。「笑う馬」を幸運の印と考える人もいる。競馬の予想に「馬笑！　予想」というサイトもあるぐらいである。

お正月の運試しは、まず「おみくじ」ではないだろうか。1回引いて、すぐに「大吉」や「吉」が出れば気分はよいが、必ずしもそうはいかない。小学生の孫が

「凶」を引いた時があった。２回目もまた「凶」が出てしまった。「おみくじ」はそんなものだと言い聞かせても収まらない。引き直しをして４回目に「大吉」が出た。思わず家族全員で「ばんざい！」を叫び、そして大笑いをした。本人も「やった！」と大喜びであった。やっぱり年始めには「吉」がよい。

（２０１４年1月）

伊勢神宮の空に響く「エンヤー」のかけ声

今年は、神宮式年遷宮の年で、めでたく10月2日に内宮遷御《せんぎょ》の儀が、10月５日に外宮遷御の儀が執り行われた。遷宮には20年に1度、神殿が全て造り替えられ、装束や調度品も新しく調製される。私は、数ある奉献行事のなかの「お白石持行事《しらいしもち》」に、「特別神領民」の扱いで参加させていただいた。初めてのことである。この行事は、宮川から拾い集めて洗い清められた白石を、神殿の敷地に敷き詰める行事で、今では、伊勢市が全市あげて取り組む「民俗行事」となっている。

私の参加した班は、８月11日、８時30分におはらい町を出発。２列になって、「お白石」の樽を積み上げた奉曳車《ほうえい》を白い太い綱で宇治橋のたもとまで引いた。

車の上では、木遣子《きやりこ》が、伊勢に伝わる『木遣唄《きやりうた》』を高らかに歌う。「めでためでたの　若松さまは　枝も栄えて　葉も繁る　ハー　ヨイトナー」の声が澄んだ空にこだまする。たまたま綱を握り合った仲間たちが、一斉に「ヨーイトコ　ヨーイトコセー」と合いの手を入れる。力が入るところでは、拳を上げて「エンヤ！　エンヤ！」と大声を出す。なぜかその顔がみんな笑顔になっている。

神宮の空は晴れ渡り、大変な暑さで、道すがらの商店の人たちが、冷たい伊勢茶を振る舞ってくれる。笑顔のおもてなしである。熱中症対策で、あらかじめ水を用意していたが、振る舞われた塩の効いたお茶が何とも言えずおいしかった。

宇治橋を渡って、お白石をいただき、白布で包み、新装された神殿に近づく。お白石を置いて、神殿を間近に仰ぎ見た時、その素朴な造りに何か特別な感情が走る。20年ごとの建て替えに日本人の深い叡智《えいち》が込められているように思われた。

（２０１３年11月）

『東の旅』のお伊勢参り

今年は、伊勢神宮式年遷宮の年である。神宮の正殿を20年に1度新たに建て替えて、御神体を移す儀式が執り行われる。始まりは、持統天皇4年の690年であったという。「一生に一度は伊勢に」の願いは、戦乱の世が治まり江戸時代に入って、全国の民衆に広がっていった。

今日でも「お伊勢参り」は絶えることがない。特に初詣に出掛ける人は多い。車の参拝者が多く、駐車場を探すのが大変である。昔なら、もちろん歩いての伊勢参りだ。

江戸時代には、各地の街道も整備され、大阪からは、「暗越奈良街道」「上街道」「初瀬街道」「伊勢本街道」が整備された。大阪から随分と大勢の人がお参りしたのであろう、この道中物語が『東の旅』という上方落語になっている。喜六と清八のコンビが珍道中を演じていくのであるが、「上方大河落語」とでも言うべき長編物語で、リレー形式で演じられる。

三重県松阪市出身の落語家、桂文我が『落語でお伊勢参り』（小学館スクウェア、

２００８年）というＤＶＤブックを出している。大阪から伊勢までの昔の道中を自ら歩き、往時の旅人の気持ちになって、史跡の紹介をする。途中で『東の旅』の落語が、まん我、阿か枝、米平、宗助の協力を得て演じられ、伊勢参りの旅ネタと道中記録が一体として、ＤＶＤブックに収められている。現地の写真、資料、地図など見応えがあるが、何と言っても２枚組のＤＶＤが素晴らしい。（２０１３年１月）

第9章　笑いの文化を大切に

祝福芸の萬歳と漫才

年が明ければ、私たちは気分を新たにして「おめでとうございます」とあいさつする。たとえ前年度にいっぱいの苦労があったとしても、「おめでとう」と言う。「おめでとう」と言葉を発することが重要で、言葉の不思議とでもいおうか、それを口にすることで、自分もその気になり、めでたい年が期待できそうに思える。

昔の正月行事では、「門付け萬歳《まんざい》」が町の一軒一軒を訪ね歩いてめでたいことを言ってくれたそうだ。烏帽子《えぼし》をかぶり扇子を持った太夫と、鼓を持って合いの手を入れる才蔵とがコンビでやってくる。招き入れられれば、その家の繁栄・長寿・家内安全など、めでたい言葉をたくさん連ねて祝福祈願してくれ、才蔵が滑稽を演じて家人を笑わせたという。この「萬歳」が、後に舞台化し、音頭やはやり唄、民謡などを取り入れて「よろず」の芸としての「万才」となり、昭和に入って「しゃべくり」を基調にした「漫才」が誕生する。

テレビでも正月番組には漫才が多く取り上げられるが、登場するのは、ほとんどが若手の「しゃべくり漫才」である。かつての「祝福芸としての萬歳」を彷彿とさせる漫才が演じられることはないのであろうか。正月らしい漫才を期待したい。

（２０１６年1月）

秋田實の笑魂碑

大阪市中央区にある玉造稲荷神社といえば、大阪からお伊勢参りをする時の出発地で、有名である。古い神社なので、いろんな碑が建っている。「伊勢迄歩講起点碑」「豊臣秀頼公奉納鳥居」「千利休居士顕彰碑」「大坂三十三所巡り第十番札所碑」などがあるが、新しいところで「秋田實笑魂碑」というのが建っている。秋田實は、少し年配の人ならご存知だと思うが、「漫才の父」とも言われた人で、今の「しゃべくり漫才」の原型を創った漫才作家として著名である。今の若手漫才の「しゃべくり」も、当人たちが知っているのかどうか分からないが、秋田が目指した「しゃべくり漫才」の伝統の上に開花していることに間違いはない。

「しゃべくり漫才」の典型を舞台で演じた最初は、横山エンタツ・花菱アチャコのコンビだったという。彼らは１９３０（昭和5）年にコンビを組んだ。初舞台は、大阪市内の玉造にある三光館という寄席であった。エンタツは、洋服を着てロイド眼鏡にチョビひげ、アチャコも洋服で、楽器や張り扇などは持たず、二人はジェスチャーと「しゃべくり」だけで万才を演じた。当時は、観客席の大半は着物姿で、漫才師も着物で三味線や張り扇を持って、面白い会話の合間に、民謡や音頭などを演じるのが「万才」と思われていた。観客からすれば、エンタツ・アチャコの万才は異様に映り、「ほんとうの万才をやれ！」とやじられ、ミカンを投げつけられたりしたという。

しかし、時代は確実に動いていて、二人の万才が受けるようになっていった。エンタツは1931（同6）年に秋田と出会い、二人は意気投合し、新しい漫才「しゃべくり漫才」を創造していった。当時の「万才」が「漫才」に変わっていくのは、1933（同8）年頃であったが、ラジオの普及とも見合って、言葉だけの「しゃべくり漫才」が発展し、普及していくことになった。

秋田は、玉造稲荷神社の近くで生まれ、境内などで遊んだという。その昔、玉造界隈《かいわい》には寄席もあって、「お笑い」にゆかりのある土地柄で、1977（同52）年に秋田は亡くなり、その功績をたたえて、玉造稲荷神社に「秋田實笑魂碑」が建てられた。友人の吉田留三郎、弟子のミヤコ蝶々、夢路いとし、喜味こいし、秋田Ａスケ、秋田Ｂスケらが尽力した。

笑魂碑には、「笑いを大切に。怒ってよくなるものは猫の背中の曲線だけ」と秋田の言葉が刻まれている。秋田は、自らを「漫才作者」と称していたが、笑いの大切さを折に触れ説いた人でもあった。秋田が亡くなった翌年、１９７８（同53）年の春に私は「笑学の会」を立ち上げ（後に「日本笑い学会」に発展）、その会で秋田の著作整理を申し出て、しばらく秋田家に入り浸りになって整理作業を行った。その成果の一部を本にまとめるべく、三女の林千代さんに手伝ってもらい、エッセイや講演録から抜粋して一冊の本になったのが『ユーモア交渉術』（創元社、１９８４年）である。中味は「話術とユーモア」「ユーモアを育てる」「商は笑なり」といった内容で、私自身多くを学んだし、今もなお読み継がれて良い本だと思うが、絶版なのが惜しまれる。

（２０１０年５月）

『秋田實 笑いの変遷』を読んで

「しゃべくり漫才」の伝統を作り上げ、「漫才の父」と言われた秋田實が亡くなって、今年でちょうど40年。秋田實が育てた秋田Aスケ・Bスケ、ミスワカサ・島ひろし、海原お浜・小浜、夢路いとし・喜味こいしなど、今は亡き上方漫才の名人たちが目に浮かぶ。

去る9月にその秋田實についての新しい本が出た。長女の藤田富美恵さんが、父親が残した膨大な資料を整理して、『秋田實 笑いの変遷』（中央公論新社、2017年）を上梓《じょうし》された。以前に『父の背中』（潮出版社、1989年）を出されているが、今回は、父親の出身から始まり、誕生、少年時代、大学生時代、そして中退して漫才台本を書きだし、戦前戦後を筆一筋で生き抜いた秋田實を描いている。

署名のない原稿やメモの類など、筆跡が分かる身内ならではの資料も使われている。特に印象に残ったのは、両親と子どもに祖父母を加えた三世代が、困難な時代を超えていかに生き抜いたかの物語であった。秋田實はどんな時代にあっても「笑い」が大事と心得、「家族そろって楽しめる笑い」を目指して漫才を書いたが、自ら家族の中にも「笑い」を絶やさなかった生き方に深い感銘を受ける。

（2017年10月）

夢路いとし・喜味こいしの漫才

漫才師の喜味こいしさんが亡くなった。1月23日のことである。2003（平成15）年に夢路いとしさんが亡くなってからは、タレントとして活躍していたが、肺がんを発症して83歳の旅立ちとなった。

私自身、長年「いとこい漫才」のファンであったが、ご両人と親しく話を交わすようになったのは、1990（同2）年、大阪府立上方演芸資料館（ワッハ上方）の設立準備のために、「上方演芸保存振興検討委員会」が組織された時であった。ご両人はその時の委員で、設立後も「懇話会委員」として留任、「上方演芸の殿堂入り」審査委員を務めた。審査の議論を聞かせてもらって感心したのは、ご両人が漫才だけでなく、落語、講談、浪曲、奇術など往時の演芸全般について、実によく覚えておられたことである。幅広く舞台を見つめてこられたことがよく分かった。

兄弟としての子ども漫才の初舞台は1940（昭和15）年であったという。1948（同23）年に「夢路いとし・喜味こいし」の名前になったが、初舞台から数えると、1963年の長きにわたる。両人の漫才は「いとこい漫才」として親しまれ、エンタツ・アチャコ以来の「しゃべくり漫才」の伝統を体現しながら、品があって温かみのある「いとこい」ならではの漫才の世界を築き上げた。戦後の上方漫才の大きな山としては、中田ダイマル・ラケットの「ダイラケ漫才」、横山やすし・西川きよしの「やすきよ漫才」、そして「いとこい漫才」が3大巨峰ということになろう。

「いとこい漫才」の特長を一言で言うならば、「ことばの言い回し」の面白さであったと思う。彼らの師匠であった秋田實は、漫才を定義して「漫才の笑いは、言葉と言い回しによる面白さが中心で、二人の人間の立ち話である。雑談と言ってもいいし、無駄話でも世間話でも構わない」と言っていた。いとしさんが「ボケ」でこいしさんが「ツッコミ」の役ではあったが、時に立場を変えることがあっても、掛け合いのテンポはよく、いつも流れるように展開した。

有名な『交通巡査』『こいしさん、こいしさん』『ジンギスカン料理』『物売り・季節感』『花嫁の父』などが思い出される。『交通巡査』では、巡査のこいしさんが鉛筆をなめながら、信号無視のいとしさんに尋問する。「名前は?」「イマイユウゾウ……」「だから、早う言わんかい」となるのだが、名前が「イマイ、ユウゾウ」。「妹がオトコでして」「また、分からんことを言う。妹は女」という言い合いが「名前がオト子っていうの」で決着。『ジンギスカン料理』では、鳥鍋に入れる鳥をかしわと言うということから、「なぜニワトリがかしわか?」「生きている間の名前がニワトリ、死んだら戒名がかしわ」。それなら「ぼたん鍋に入れるイノシシは?」「生きている間がイノシシ、死んだら戒名がぼたん」といった応酬など。しゃれ、脱線、混線、悪態、誇張、まね、屁理屈など言葉の言い回しが絶妙であった。

『夢路いとし・喜味こいし 漫才傑作選』DVD5枚組みが販売されており、そこには上記の作品を含めて、23作品が収められている。

（2011年3月）

「上方漫才大賞」の審査委員長をして

春恒例の「上方漫才大賞」が4月13日、大阪の御堂会館大ホールで開かれ、ラジオ大阪と関西テレビで同時生中継された。今年で48回目、漫才を顕彰する賞としては最も長い歴史を誇る。審査には、芸能担当の新聞記者、ラジオとテレビの演芸プロデューサー、演芸評論家、大学教授など9人の委員が当たっており、最も長く経験している私が審査委員長を務めている。

「大賞」に千鳥が輝き、「奨励賞」にテンダラー、「新人賞」には、プリマ旦那が入賞した。大賞の千鳥、奨励賞のテンダラーは、事前の審査会で既に決定をみていたが、新人賞はあらかじめノミネートされていた5組が競い合った。

千鳥は、一昨年に奨励賞を受賞し、以後の目覚ましい成長ぶりが注目された。コンビは岡山県出身で岡山弁の漫才が評価されたことは特筆に値する。一見不利と思われる点を生かして、親しみが持てる漫才に仕上げている。テンダラーは、キャリア19年の実力を備えているにもかかわらず、これまで賞とは無縁で、今回の奨励賞を大変に喜んでいた。これで自信を深めれば、評判の面白い漫才へと脱皮するだろう。

「新人賞はプリマ旦那！」と発表されると、その瞬間にボケの野村尚平が泣きだした。受賞の弁をアナウンサーが聞き出そうとするが、号泣して涙が止まらない。長年審査委員をしていて、かくも号泣して涙が止まらないという場面に出くわしたことがない。笑うどころか、私も思わず、涙が出て仕方なかった。（2013年6月）

テンダラーの努力が実る

4月4日、毎年恒例の「上方漫才大賞」発表会が、ラジオ大阪・関西テレビ共催で大阪市にあるオリックス劇場で開かれた。その大劇場の2600席が漫才ファンで埋め尽くされた。私は、審査委員長として満席の中にいながら、これはすごいことだと思った。東京に舞台を移したコンビも多い中で、大阪で活躍する若手を応援してやろうと、かくも多くの漫才ファンが駆け付けていることに感銘を受けた。

今年は「上方漫才大賞」50周年に当たり、賞金は倍額に、決め方もこれまでになかった「ノミネート方式」や「ネットによる一般投票」という新しい方式が取り入れられた。

50年の間に「上方漫才大賞」は、かしまし娘、中田ダイマル・ラケット、夢路いとし・喜味こいし、横山やすし・西川きよし、宮川大助・花子、オール阪神・巨人、中田カウス・ボタンなどの漫才スターを続々と輩出し、演芸界で一番歴史のある、権威ある賞として認知されるようになった。

今回の大賞にはテンダラーが輝いた他、奨励賞レースでは学天即が勝ち抜き、新人賞では吉田たちが栄冠を射止めた。奨励賞と新人賞は、事前にノミネートされたコンビが競い合い、審査委員10人と一般のネット投票とで決定をみた。30代前半の5組で争われた奨励賞レースは見ものであった。若手漫才のホープたちで、彼らに上方漫才の将来がかかる。大賞獲得のテンダラーは、40代前半で、すでに20年の経験があり、浜本のボケに一層磨きがかかる。英語漫才でアメリカ公演を成功させ、これからのさらなる活躍が楽しみである。

（2015年5月）

注：「上方漫才大賞」が第50回を迎えたのを機に、井上宏は23年間続けていた審査委員長を辞す。

頑張れ！ 松竹新喜劇

9月8日、久しぶりに松竹座に出掛けた。松竹新喜劇60周年記念興行を見るためである。今日では「新喜劇」と言えば「吉本新喜劇」を思い起こす人が多いと思う。「吉本新喜劇は」、1959（昭和34）年以来（当初は「吉本バラエティー」と呼んでいた）、今日に至るまで、約半世紀にわたって続いており、かつテレビ中継され続けている。役者も作家も世代交代しなければ続かないわけだが、次から次へと新人を投入しながら続いている。それだけの「長寿番組」でもあるから、関西エリアの人なら子ども時代からなじんで、知らない人はないくらいだ。

一方の「松竹新喜劇」は、1990（平成2）年に藤山寛美が亡くなって、三代目渋谷天外を立てて「新生松竹新喜劇」をスタートさせたが、短期間の興行を年に数回公演する程度となって、人気も知名度も落ちていった。とはいいながら、松竹新喜劇は明治以来の曾我廼家《そがのや》喜劇の伝統を継いできた劇団で、大阪の人にとっては、生き続けてもらいたいと願う気持ちや切なのである。きれいな大阪弁が流れ、人情と笑いで包まれた「泣き笑い」の芝居は大人の喜劇として大阪人の心を捉えてきた。

今回の興行は、1カ月の本格的興行である。「新生松竹新喜劇」が、「劇団創立60周年」を機に「新生」をとって、「松竹新喜劇」と名乗り、劇団員ばかりではなく、松竹新喜劇ゆかりの役者が勢ぞろいして、2本の芝居を演じたのである。三代目渋谷天外、髙田次郎、小島慶四郎、小島秀哉、曾我廼家文童、大津嶺子、井上恵美子、千草英子、それに藤山直美も出演して松竹新喜劇らしい芝居が見られたのである。もっと早くに、こうした関係者勢ぞろいの芝居が打てていたらと思わずにはおれなかったが、よくぞ復活したものだと拍手を惜しまなかった。とはいえ、主要役者の高齢化はいかんともし難く、炭屋の女房役の千草英子は79歳という。その年でよくぞ演じ切れたと感心したが、元気なうちに次の世代への継承をぜひ果たしてほしいと思う。

『裏町の友情』は名作のひとつで、松竹新喜劇の特徴をよく表した演目である。隣同士のクリーニング屋（渋谷天外）と炭屋（髙田次郎）のけんかは町内でも有名で、親の代から続き、その悪態とその言葉の裏に潜む友情とが、涙と笑いを誘う。隠された友情にほろっと泣かされ、と思ったら悪態けんかに笑わされ、まさに「泣き笑い」なのである。
「泣き」の感動と「笑い」の感動は、一見矛盾しているが、それを共在させて人を感動させるところに松竹新喜劇ならではの特徴がある。これも私たち庶民の生活をよく反映しているからではないかと思われる。私たちの日常生活は、矛盾に満ちているが、本当にけんか別れしてしまってはおしまいなのだ。矛盾を共在させていく力が笑いにはあり、そこが喜劇となるゆえんであろう。もうひとつの『はなのお六』は、かつての寛美に代わってての藤山直美の独壇場で、滑稽ぶりが特徴で、笑いを誘い、舞台も華やかにフィナーレを飾るにふさわしかった。直美ファンはたっぷりと直美の芝居が楽しめ、気分すっきり笑って家路につけたのではないか。

（２００９年11月）

桂米朝師匠のワッハ上方「殿堂入り」

「ワッハ上方」（大阪府立上方演芸資料館）では毎年、上方演芸に貢献のあった名人の「殿堂入り」を選考している。今年は14回目を迎えて、桂米朝師匠（85歳）が選ばれた。第1回には、落語家から初代桂春團治、五代目笑福亭松鶴、漫才師から横山エンタツ・花菱アチャコ、砂川捨丸・中村春代、講談師から二代目旭堂南陵、浪曲師から三代目吉田奈良丸が選ばれている。

「ワッハ上方」の発足は、1996(平成8)年11月のことであったが、私は、その設立の準備段階から関わっていた。大阪府が上方演芸の資料保存のために「上方演芸保存振興検討委員会」を設置したのが、1990(同2)年であった。この時、私は関西大学に勤めながら、その検討委員会の会長を引き受け、最後には「基本構想」を当時の中川和雄知事のもとに提出した。委員は桂米朝、夢路いとし、喜味こいし、西川きよし、難波利三と朝日新聞、読売テレビ、NHKからの委員であった。

6年半に及ぶ検討期間を経て、「ワッハ上方」はオープンした。計画にあった「名人芸の顕彰」が、「上方演芸の殿堂入り」となって実現した。資料館がオープンして、それまでの「上方演芸保存振興検討委員会」は任務を終え、名称を「演芸資料館運営懇話会」と変えて、委員はそのまま継続となった。私もそのまま「懇話会会長」として残り、1999(同11)年に資料館の二代目館長(非常勤、2002

年まで）を引き受けるまで続けた。思い出しても、桂米朝、夢路いとし（２００３年逝去）、喜味こいしの３師匠の記憶力には、いつも舌をまく思いであった。自分のジャンルだけでなく講談も浪曲も幅広く舞台を見て、かつよく覚えておられたのに感心したものである。

懇話会委員は、その後交代もあって、現在は委員９名と名誉顧問の桂米朝、喜味こいし両委員で構成されている。殿堂入り式典では、イラストレーターの成瀬國晴氏による似顔絵の除幕式が行われる。成瀬氏は、第1回から、名人の舞台芸の似顔絵を描き続け、それが殿堂に飾られている。

２０１０（同22）年8月23日、桂米朝師匠が殿堂入りされることになった。「噺家で生きている間に入ったんは、私だけやとか……何や気忙しいですな。ま、いずれにせよ、大変光栄なことです」というのが受賞の弁。当日は、息子の桂米團治が司会で、受賞者を囲んでのトークがあった。ゲストは、喜味こいし、成瀬國晴、小佐田定雄（落語作家）の３人。

米團治の司会が面白かった。米朝師匠は、実の父親であり、落語の師匠でもあり、人間国宝であり、演芸人で初の文化勲章受章者でもあるという人である。質問を受ける立場の米朝師匠にも、聞いてるのは米團治を襲名した弟子ではあるが、実は息子だという気持ちもあったと思われる。トークの締めくくりとして米團治が「これからの落語はどうなっていきますか」と聞く。答えは「なるようになっていくやろな」。これは「お前もしっかりせなあかんで」という言葉ではないか、と私には思われた。

（2010年10月）

「殿堂入り」は上方演芸の文化遺産

4月から新年度となる。「大阪府立上方演芸資料館」では、運営委託を受けていた吉本興業株式会社が、この4月から全面的に撤退し、2015年4月から大阪府の直営となる。

「ワッハ上方」の愛称で知られる施設で、設立からすでに18年が経ったが、大阪府の財政難の理由で、大幅な機能縮小を余儀なくされ、施設の大半を手放してしまった。施設は、千日前の「なんばグランド花月」の前にある「YES NAMBAビル」の4階から7階までのフロアーを借りていたが、それが7階部分だけになってしまい、資料の収蔵庫とライブラリー（放送局提供のAV資料と図書）が残るだけとなった。

大阪が誇る「笑いの文化」の根拠地として始まった資料館としては、全く「笑えない」話であるが、今は「笑って」我慢するしかない。収蔵庫には、幸いにも寄付で集まった6万点以上の資料が収まっており、これを宝にして再出発の道を探らなければならないわけだ。

「ワッハ上方」では、「上方演芸の殿堂入り」事業があって、大いに笑わせてくれた故人の名人たち（一部存命の人含む）を選んできており、すでに47組73人を顕彰し、その人たちの資料が保存されている。成瀬國晴画伯による「殿堂入り」演者の似顔絵が、一堂に飾られていたが、展示室が無くなったので、オリジナル画像は収蔵庫に収まったままである。

2014（平成26）年度は、「2代目平和ラッパ」と「タイヘイトリオ（洋児・夢路・糸路）」が選ばれ、「殿堂入り」に加わった。「殿堂入り」は、上方演芸の文化遺

産であることを肝に銘じておきたい。（２０１５年４月）

注：「ワッハ上方」の資料収蔵庫は、２０１８年に咲洲にある大阪府の別庁舎に移転し、その後はリニューアルして２０１９年度からは、「常設展示」や「企画展示」「特別展」などのスペースとしての活用が予定されている。

かしまし娘の「殿堂入り」

大阪城の桜も満開となった3月29日、大阪府公館にて第21回「上方演芸の殿堂入り」表彰式が行われ、漫才の「かしまし娘」が選ばれた。「殿堂入り」は、大阪府立上方演芸資料館（ワッハ上方）の主催で、１９９６（平成8）年度から始まり、上方演芸の発展に多大の貢献があった人を顕彰し、これまでに53組82名の名人・達人が選ばれている。芸の資料が残っている時代の人から始まって、順次時代を追ってきたので、いきおい故人の顕彰が続き、存命中では三代目桂米朝のみであった。

今回の「かしまし娘」は、三人姉妹のトリオ漫才（正司歌江・照江・花江）で、三人とも81歳以上の高齢ではあるが元気でおられ、表彰式に出席して、自らの「殿堂入り」を確認された。

私は、「殿堂入り」選考委員会会長を務めていた関係で、表彰式で「選考経過」を報告する任務があった。三人を前に選考経過を報告していたら、長女の正司歌江さんが涙されたのであった。その涙は、過去の成果が「殿堂入り」として後世に残ることの喜びの涙ではないかと思った。後世に残ることの確認ができたことは、大きな喜びに違いないと、私も感動して胸が熱くなった。

（2018年5月）

第10章　笑いのセンスと教育

さあ、始めるぞ！　新学期

4月は入学のシーズン。桜満開のシーズンでもある。大学では入学時期が欧米と合っていないので、国際的な留学制度に支障をきたしているという主張があるが、日本人には、入学は桜の花が咲く季節が似つかわしいという感覚があるようだ。「桜咲く」というのが、入学を祝ってくれているような気持ちにさせてくれるからであろうか。

今は「えがお」を「笑顔」と書くが、柳田國男は「咲顔」と書いている。花が咲くというのは、花の「えがお」と考えてよいのではないか。とすると、満開はまさに「咲顔」がいっぱいの状態ということになる。

いっぱいの「咲顔」が新入生を迎える。学校だけでなく、さまざまな塾や教室でも、4月からの新人募集がある。「さあ、始めるぞ！」という気持ちにも気合が入る。NHKのテレビ・ラジオの講座も新しく始まる。

新入生で、一番目立つのは「ピカピカの1年生」ではなかろうか。身の丈に合わない大きいランドセル。制服や帽子も、ぴたっと合っていない子。でも親にしてみれば、やっとここまで成長してくれたかという喜びと感動がある。涙する親もいる。子どもたちが、並んで歩いている姿を見ていると、「さあ、これからだ！」と声援を送ってやりたい気がして、こちらも「咲顔」になる。

小学校であれ大学であれ、おじいちゃん・おばあちゃんが孫の入学式に出席するのは良い刺激になる。「さあ、これから学ぶんですよ」という声援が、自分にも跳ね返ってくるように思われるのである。

（２０１４年４月）

イルカはいるか？

早く目が覚めた時、時々ＮＨＫ Ｅテレの『テレビ体操』を見ながら体操をする。そのままテレビをつけっぱなしにしていると、『テレキッズ日本語』が始まる。見るともなしに見てしまう。言葉や擬音、漢字や数字、かるたや慣用句など、画像を巧みにデジタル加工して漫画チックに見せる。

そんな画面に交じって、言葉遊びが入る。私が見た例では、海の見える砂浜で、海に向かって「イルカはいるか？」と何度も叫ぶ。ふたつの意味を重ねて使うことができることを教えているわけだ。しゃれを作る基本である。この基本を知って、子どもたちに言い回しの面白さを発見してもらうのが狙いのようだ。

通常はひとつの単語がひとつの意味を伝えるが、「いるか」という言葉が、動物の「イルカ」とそこに「居るか」と二重の意味で使われ、この二重の意味が一瞬のうちに理解できると笑いが起こる。瞬間的な了解が大事な点で、後で説明を聞いては笑えない。

「イクラはいくら?」、「ラクダに乗って楽だ」、「お坊さんが二人こっちへ歩いてくるよ」「そうそう（僧々）」なども その類いで、こうした言葉遊びは、言葉への興味をそそって、子どもの「笑いのセンス」を開発する第一歩になる。「笑いのセンス」が育ち、自らしゃれを作って友達を笑わせるというようになると、しゃれ作りが一層楽しくなる。詩人として有名なねじめ正一さんは、小学校5年生のころには、毎日しゃれを作って学校に持って行き、友達を笑わせていたという。（2014年7月）

子どものユーモアセンス

子どもたちが、テレビを見ながら大声を出して笑っていると、「そんなつまらんものを見て、何がおかしい」とつい怒ってしまう親がいる。

子どもだって笑う必要があるし、笑うことによって元気を取り戻しているのだから、声を出して笑っておれば、大いに笑わせておけばよい。笑っているとき、おそらく子どもは他に何も考えていない、というよりもその日の嫌なことをすべて忘れて笑っているのだと思う。笑いながら「すべてを忘れて」という時間をつくってくれるところが、笑いの優れた点だ。

年を重ねると、いろんな常識が発達し、価値観も固定化し、柔軟性を欠いてきて笑いが減ってくるということがある。一生の中で一番よく笑うのは、いつ頃であろうか。やはり、子ども時代ということではなかろうか。細胞がどんどんと増殖していく時期ではないかと思われる。

厳密な調査があるわけではないが、経験から判断すれば、やはり小さな子ども、何歳からとは言いにくいが、幼児を含めて子どもたちがよく笑っていることに気がつく。幼児だと、安心感があれば、ちょっと面白い顔を見せただけで笑う。普通でないことをしてみたり、言ったりしたら大声で笑う。見知らぬ子どもでも、親しみを感じてくれると、笑顔をよく示してくれる。

私には、今二人の男の孫がいる。いろんな発見があって面白い。ある日、4歳の子が寝小便をして、敷布団に大きな地図を描いた。こんなことはあまりないわけだから、当然母親がびっくりする。

まず母親が「どうしたの、これ」と地図を指差す。子どもは、悪びれもせず、すました顔で「汗をかいたの」。「こんな大きな汗かくわけないやないの」と母親の声がややきつくなる。子どもは一向にひるむことなく、「暑かったから、ぼく、汗いっぱいかいたんだもん」と「いっぱい」を強調する。

この応え方が堂々としているものだから、まわりの大人が顔を見合わせて笑ってしまう。当人も笑っている。こうなると、もう親は叱れない。私は、そばで見ていて、4歳だがなかなかやるもんだと思ってしまう。

やはり同じ孫だが、お腹の調子を崩して下痢をしていたので、便をするたびに母親が点検をしていた。ある日、台所の手が離せず、子どもの便をすぐに見に行けなかったので、台所から声をかけた。「どんなうんちが出たの」ときくと、「ミミズも泳いでいるし、クジラも泳いでいるよ」と答えが返ってきた。

この話は、後で嫁から聞いたのだが、私は、このミミズやクジラの表現に思わず笑ってしまった。いずれも絵本か何かで知っていたのであろうが、うんちを見てそんな表現をしたのは、子どものユーモアセンスではないかと思ってしまう。

おばあちゃんが、この孫を連れてデパートの屋上の乗り物で遊んだ時のことである。この時はお兄ちゃんがいなくて弟の孫が一人であった。ねだって何度も乗せてもらって満足するが、それでも足りない。「今日は、お兄ちゃんがいないから、お兄ちゃんの分も乗っていいでしょう。お兄ちゃんがかわいそうだもん」の一言で、おばあちゃんの気は緩んでしまう。大人の意表をついた表現に笑わせられると、もうこっちの負けだ。

子どものユーモアに触れたら、受けとめるセンスがないと見落としてしまう。親にもユーモアセンスが必要だ。親子の相互作用があって、子供達の「笑いの能力」

も開発されていく。しかし、現実には、子どものユーモアセンスが評価されず「何アホなことを言うてるの」と抑えられてしまっているケースが多いのではないか。私も親の時には忙しくて、子どものユーモアを受けとめるゆとりがなかったような気がする。孫を持つ身になって、あらためて子どものユーモアセンスに感心している。

落語で楽しい教室を実現

小学生で落語が大好きで、上手に演じる児童がいるという話は珍しくない。しかし、小学校の先生が、国語の時間に落語を生かして、「楽しい教室」を実現しているという話はあまり聞いたことがない。実際に取り入れている教員の話によると、落語を覚え、大きな声を出し、笑いかつ笑われるという実践が、「聞く」「想像する」「表現する」力を伸ばし、普段の教室での笑いの質が変わっていく。それが子どもの人格の成長ばかりでなく、他の学力の向上にも役立っているという。

8月1、2日の両日、「日本笑い学会」の年次大会が三重大学で開かれ、そこでの研究発表で「教育に落語を取り入れると得られるさまざまな効果について」という発表があった。大阪府の小学校の先生で、すでに25年の教員歴を持つ国語のベテラン女性教師の報告であった。この先生は、新学期のクラス編成の時に、問題を抱えている児童を自分のクラスに進んで引き受けるという。言葉の不自由な子、いつも一人ぼっちの子、「きしょい」と遠ざけられる子。そうした児童も落語に出会うことで、仲間たちに溶け込むばかりでなく、「自己肯定感」が向上し、他の教科の成績も上がると言う。お囃子《はやし》は、最初はテープを使っていたが、今では自分たちで演奏し、これも大勢がやりたがって困るぐらいだとのことである。

落語は、何百年の歴史の中で、誰もが安心して楽しめる話芸に洗練されてきた。子どもが聞いてそこで起こる笑いは、子どもが安心して大笑いできる笑いである。落語は会話でできており、他者を念頭においた会話の学習にもなる。落語を聞く機会が減った今日では、学校現場でその教育効果を活用する道は、十分に検討に値すると思われた。

（2015年9月）

寿限無寿限無、五劫のすりきれ

世間には「落語を演じるのが大好き」という人がいる。そうした人は大体、大学時代に「落研」（落語研究会）に属し、就職してからも「落語への想い」絶ち難いという人々のようだ。仕事を持ちながら稽古に励み、腕を磨いて素人落語会を開く。彼らは「上方社会人落語連盟」を組織し、この連盟が毎年「社会人落語選手権」を開催している。私はその審査委員を引き受けているが、その水準の高さは驚くばかりである。こうした素人落語家は、様々な学校や団体、商店街などから声がかかれば、出前に応じる。落語の啓蒙普及活動である。

7月に関西大学人間健康学部で開かれた「日本笑い学会」で、佐賀大学落語研究会OB会による発表があった。OB会は、落語を見たことがない小学生に落語を知ってもらう活動を行なっている。低学年と高学年とに分け、それぞれに向いた落語の演目や説明をする。落語を聴かせるだけでなく、落語の仕草や会話の仕方などの説明を入れ、落語を知ってもらった上で、年齢に応じた演目を演じてもらう。「寿限無」などはすぐに暗記してしまうそうだ。落語を自ら演じて人を笑わせたら、

自信がつき明るい対人関係が出来あがるという。　（２０１６年８月）

子ども落語家の誕生

童話作家の藤田富美恵著の『りんりん亭りんりん吉』（文研出版、２０１２年）と題する新刊書を読んだ。子ども落語家として活躍する田村凛夏さん（以下りん吉）の成長ぶりを追ったノンフィクションである。同世代の子どもたちが面白く読めるし、親が読んでも楽しい本だ。

スポーツや芸術の世界では、子どもながらびっくりさせるような才能を発揮する人が現れる。才能が育つのには、子どもの努力はもちろん、才能を引き出す教育、とりわけ親の教育と応援が必要だ。

りん吉君は、小学校2年生の時に初めて落語寄席を見る。それ以来、落語が好きになり、自分でもやりたくなる。自分が面白く思うだけでなく、人に笑ってもらうことが楽しくなる。稽古に身が入り、数々のアマチュア大会で優勝し、プロに交じっての出演まで果たす。

本人の努力もさりながら、両親の応援ぶりが並大抵ではない。父親がプロのDVDを見て、所作を研究し、せりふは本を買ってきて子ども向きの表現に書き変える。親を前にしての稽古で、笑いが絶えない。りん吉君のユーモアセンスが育つ。

子どもの成長は誠に早く、とりわけ小学校高学年ぐらいからの能力の開花が目覚ましい。りん吉君は、今は中学2年生。すでに23席の落語を身につけている。得意のネタが2、3というアマチュアは多いが、23席の全てを暗記して、さまざまな登場人物の所作を演じ分ける。才能が育つ物語は、夢が持ててとても楽しい。

（2012年6月）

ユーモアセンスを育てる――笑育のすすめ

「日本笑い学会」の第17回総会・研究発表会が、7月10日と11日の両日、関西大学千里山キャンパスで開かれた。関大での開催は、私にとっては、ホームグラウンドに帰ってきたような気分であった。長年、私自身が関大に勤めていたこともあるが、「笑い学会」は関大で呱々《ここ》の声をあげたのだし、関大のおかげで育ったとも言えるからだ。「こんな学会を作ります」と学長と理事長のところへあいさつに行った時、ご両人から「それは面白そうだ」と理解を示してもらえ、大変ありがたいことだった。会場を無料で貸してもらい、学会開催のための補助金の支援まで受けることができたのであった。

今回の大会実行委員長は、「人間健康学部」の森下伸也教授が務めた。人間健康学部は、今年の4月に堺キャンパスに開設されたばっかりの新学部で、そこに「ユーモア科学」関連の科目が新設され、4人の専任スタッフが用意された。

これまで、社会学部や文学部の先生達（笑い学会会員）によって、「笑いとユーモアの科学」や「笑いの人間学」、「笑いの総合科学を目指して」などの講義が積み重ねられ、多くの受講生に親しまれてきたが、さかのぼれば、関大には、桂文珍非常勤講師の「落語的学問のすすめ」や教養科目の「大阪論」というのもあった。

文珍師匠の講義は、非常勤とはいえ、15年の長きに及んだ。吉本興業の人気タレントであって、落語家としても一流でありながら15年も大学の教壇に立った人はいないのではないか。その文珍師匠に、今回の学会記念講演を引き受けていただいた。

大成功であった。「笑って面白くてためになる」という話は、そんなに聞けないし、私などはめったにできそうにない。長年、学生のレポートや答案を見てこられたからであろう、学生からヒントを得てのジョークが冴えていた。そのうちのひとつ。

学生のなかには、問題とは何の関係もない答案を書く人がいるが、文章を書かず絵を描く人もある。ヒマワリの絵を描いた人がいたので、絵だけでは通すわけにはいかないと思って、教授のところに相談に行った。その教授が言うには、「当然落とさないかん。でもまた来年現れるよ。どうする?」。ということだったので通してしまった。でもどんな学生かと思って、教務課で調べてもらったら、推薦入学の学生だった。「スイセンで入って、ヒマワリで卒業したんですね」。

文珍師匠は、演芸場だけでなく、さまざまな場所、地域、年代層の聴衆を相手に噺《はなし》をする。意外と笑わない人が目立つという。子どもの時から笑い癖をつけて、「ユーモアセンス」を育てていく必要がある。文珍師匠は「笑育」という言葉を提案した。子どもの時からの「食育」が大事なように、「笑育」が大事ではないかということである。すでに関西大学で始まっている「笑いとユーモア」に関する講義は、まさに文珍師匠提案の「笑育」に相当するわけだ。

（2010年9月）

漫才の「ボケ」と「ツッコミ」

「大阪人が二人寄れば漫才になる」ということがよく言われる。大阪弁での会話を聞いていると、そう思われるような節はある。語尾に「な」「ねん」「や」とか、「か」「わ」がつくと何となく、ゆったりとした感じ、ときには、とぼけた感じがする。「そうでんな」「さよか」と相槌をうったり、「あほかいな」「ええかげんにしときや」「よう言わんわ」とたしなめたり。漫才でいうところの「ボケ」と「ツッコミ」の会話が展開されているような気にさせられてしまう。

漫才の「しゃべくり」は、漫才作家の秋田實が言ったように、日常生活の延長で、誰もが経験するようなことを話すのであるが、言葉の言い回し、その新味と妙味が大事とされる。したがって、漫才と大阪人の日常生活は、非常に近い関係にある。プロは、日常の会話から言い回しを盗むし、観客はまた舞台から盗んで真似をする。

漫才は、「ボケ」と「ツッコミ」の二人が会話を交わし、笑いを生み出す芸である。ボケは、まさにボケるのであって、中心をはずし、常識や既成の概念をひっくり返し、秩序に対して混沌を提示し、中心に対して周辺を担い、忍耐に対しては欲望を、真面目に対しては遊びを説き、権力に対しては反権力を、安定に対しては不安定を、誠実に対しては狡猾を、成功に対しては失敗を、というようにこの世のマイナスの反極を担っている。ツッコミは、秩序、安定、中心、常識、概念、真面目、忍耐、勤勉、誠実、成功といったプラスの反極を担っている。

まさに社会の成立は、これらのプラスとマイナスの両極を必要としている。安定も脅かす存在がなければ、内部腐敗を起こすし、真面目は遊びがないと暴走するし、成功も失敗なしには生まれず、美しいものも醜いものがあって認識できるという按配である。

ボケのタイプとしては、ツッコミの常識的展開をはずす「脱線」、模倣をして笑いをとる「真似」、言葉遊びで笑わせる「洒落」、二人の話を混戦させる「混戦」、常識はずれの誇張をする「ホラ」、悪口の言い回しで笑わせる「悪態」、理屈を並べ立てて笑わせる「屁理屈」、小悪党的なずるい役にまわる「狡猾」などが挙げられる。漫才は、これらの８つのタイプを混合させながら、あるいは特にあるタイプを際立たせながら展開する。

演者によって、「脱線」や「混戦」が得意であったり、終始「洒落」で笑わせたり、「真似」や「誇張」で、あるいは「悪態」のつきあいで笑わせたりと、さまざまであるが、いくつかの組み合わせで漫才は構成されている。

日常会話では、「洒落」を用いるのが多いが、誇張してみせる「ホラ」もよく使われる。親しい間柄になると、相手を落とす「悪態」も多くなる。子どもは「屁理屈」が上手である。話が硬直してくると、「脱線」してとぼけるという手も使われる。会話を盛り上げ、楽しくするのに、漫才から学ぶべきことは多い。落語は国語の教科書にも採用されたことがあるが、漫才はないのではないか。

学校教育では、笑いのある会話教育が軽視され、ユーモアを交えた会話の展開などに関心が払われてこなかったように思われる。こんなことを言ってはいけないという禁句集ばかりがふくれあがっているのではないだろうか。笑われたり、悪態をつかれたときにどう反応するのか、効果的な言葉と言い回しで反撃して、言葉の応酬ができれば、暴力沙汰にならなくて済む。反論する言葉も言い回しも何も知らないでは、「キレた」とか「ムカつく」とかで、感情がすぐに暴力と化し、殴り合い、果ては刺し殺すという恐ろしいことになってしまう。
「口の文化」の衰弱は、暴力に頼ることになって危険である。私たちは、漫才が長年に渡って培ってきた「口の文化」の歴史を持っており、「口」で切り抜ける数々の表現を培ってきた。漫才の「ボケ」と「ツッコミ」のコミュニケーションは、「口の文化」にとっての優れた教材を提供してくれていると思う。

（2004年7月）

女子テニス　大坂なおみのユーモア

今年の夏は、台風、豪雨、大洪水、大地震など、大型の自然災害が各地で相次いだ。9月に入っての大型台風では、関空の滑走路が冠水、大阪市内でも樹木が倒れるなどの大きな被害が出た。と思っていたら、9月6日には北海道で震度7の大地震、全ての電源が止まるブラックアウト現象も起きた。メディアは連日、災害報道に明け暮れた。そんな中で暫しホッとさせられたのは、スポーツでの若者の活躍だった。

9月8日、テニスの全米オープン女子シングルス決勝で、大坂なおみ（20才）が、何度も優勝経験のあるセリーナ・ウイリアムズ（36才）を打ち負かした。テレビで見た素人の目でも大坂の力が勝っていた。セリーナの審判への激しい抗議やラケットの破壊など異様な会場の空気や表彰式の模様が報道された。私は、全体を通して、落ち着いて会見に臨む大坂のユーモアセンスに感心した。

決勝戦の前に「何を持ち帰りたいか」と聞かれて「ステーキハウス」と答える。記者は「優勝カップ」という答えを期待したのだろうが、アメリカの「ステーキハウス」と外す。優勝を決めての記者会見で「名字にはなぜオオサカなのか」と尋ねられ、「大阪で生まれた人は、皆がそう呼ばれるの」ととぼける。「今何を食べたいか」「豚カツ、カツ丼、カツカレー、あとは抹茶アイス」と「カツ」を並べて日本の抹茶アイスで締める。さすが大阪生まれのアメリカ育ちと感心した。

（２０１８年10月）

楽しかったユーモア学の英書講読

皇學館大学社会福祉学部が２０１１（平成23）年3月末で名張市から撤退する。高齢化が急速に進む地域社会にあって、若者が集まる大学が消えるのは何とも寂しい限りである。市民も自由に使えた大学図書館も無くなり、地域の一大教育資源が消え失せることになるわけだ（後に近畿大学工業高等専門学校が使用）。社会福祉学部にあっては、私にも大事な思い出があるので記しておきたい。

私は関西大学を退職してから3年間、非常勤講師として、社会福祉学部の授業を担当していた。２００４（同16）年度から２００６（同18）年度までの3年間であったが、週に1度の通年授業であった。授業は火曜日の2限目で、自宅から車で20分もあれば余裕でキャンパスに着けた。私が通っていた関西大学は長時間通勤であったので、自宅から車で簡単に通えるのが夢のようであった。非常勤講師なので、自前の研究室はなかったが、図書館にある個室を借りて1日を過ごすことができた。キャンパスは丘の上にあって、眺望は抜群に良く、春秋の天気の良い日は、キャンパスで過ごすのがとても楽しかった。

私の担当した授業は「外書講読」、といって英語の原書を読む授業で、英語そのものの授業ではなく、原書の内容を読み取るのが目的の授業であった。英語であれば何を読んでもよいということではなく、社会福祉を学ぶ学生に役に立つ英書を読んでくれるようにという条件がついていた。私は「ユーモア」に関する本を選んだ。ユーモアについて書かれた英書は多くあって、特に社会的効用を説く本は、学生が社会福祉の現場に出た時に必ず役に立つと思った。

私は、アメリカのユーモア研究で著名なジョン・モリオールという人の『HUMOR WORKS』(HRD Press, 1997) という本を取り上げた。翻訳が出ていないので、学生たちは苦労したようだが、内容が面白かったので学生には喜んでもらったと思う。全員の学生が、「笑いとユーモア」についてこんな話は初めて聞いたということで、発見と楽しさがあったようである。英語そのものを教える授業ではないので、英語で読み取っていく楽しさを味わってもらい、「笑いとユーモア」の効用を理解してもらうことに努めた。英語そのものにつまずく学生もいたが、大半の学生は、ユーモアの効用を理解することに興味を示してくれていた。「笑いと健康」

「ユーモアとコミュニケーション」「ユーモアと精神の柔軟性」など、学生たちの「コミュニケーション能力」を高めるヒントが詰まっていた。

授業を終えるとちょうど昼の時間で、私はそのまま大食堂に向かう。大勢の学生に交じって食事をするのも楽しかった。学生と同席する時もあったし、聞こえてくる学生たちの会話も新鮮であった。食後の散歩は、整備された立派なグラウンドや体育館を見て回り、最後に図書館の個室に戻る。自由に本を見て回り、気ままに興味のある本を手に取ったり、カレント雑誌に目を通したり、持ち込んだパソコンで原稿を書いたり、気ままに過ごせた時間は、私にとっては至福の時間と言ってよかった。3年間心地よく「笑いとユーモア」の授業ができたことに感謝しながら、あんな立派な教育施設がまるごと消えてしまってよいのだろうかと思わずにはおれなかった。

（2010年2月）

注：皇学館大学社会福祉学部は、平成22年3月に夕張市から撤退し、平成23年4月に熊野市から近畿大学工業高等専門学校が跡地に移転した。

日本笑い学会が『笑いの世紀』を出版

この欄で一度は触れておきたいと思っていたのが、私が会長を務める「日本笑い学会」のことである。設立して、ちょうど今年の7月で15周年を迎えて、かなり世間に知られる存在になってきたかと思われるが、今でも「お笑い学会」と、「お」を付けて呼ばれる時がある。そんな時は、丁寧に「お笑いも含めて、笑いを幅広く研究する学会なので、『お』が付かない笑い学会なのです」と説明している。15年前に学会を立ち上げた時、「笑い」という柔らかい語感と「学会」という硬い語感がミスマッチしたのであろうか、「笑い学会を作った」と言うだけで笑われたことがしばしばあった。つまり、「笑い」というものが、研究の対象になるのかという疑問があったのであろう。

日本笑い学会は、日本で初めて「笑い」をまじめに研究する学会として誕生。世界には「国際ユーモア学会（International Society for Humor Studies）」という国際組織があって、毎年国際会議が開かれ、私も個人の資格で参加している。研究は遅れてスタートしたが、「笑いとユーモア」は人類普遍の研究テーマだという確信を強くしている。

どんな研究領域にも専門的研究者がいるものであるが、「笑い」の研究となるとそうはいかない。「笑い」は、人間のあらゆる場面に登場し、人間の体、精神、人間関係、表現活動などに関係しており、笑いの研究は、多様な職種の人々が知恵を出し合って総合的に研究する必要がある。従って、笑い学会は他のアカデミック学会とはひと味違った「市民参加型」とし、一般市民の方々も「笑いとユーモア」について研究したいという意欲さえあれば、誰でも参加できることになっている。哲学、心理学、社会学、文学、演劇、言語学、医学、生理学、工学などの専門家、それに加えて看護師、教諭、カウンセラー、記者、会社員、主婦、学生などが会員となって、現在1000名を超えるまでになっている。

そのユニークな「日本笑い学会」が、過去15年に蓄積してきた研究成果を整理して、この8月に『笑いの世紀——日本笑い学会の15年』(創元社)と題した15周年記念の本を出版した。学会誌の『笑い学研究』と隔月刊の『日本笑い学会新聞』に掲載された成果の中から抜粋された論文、エッセイ、インタビュー、講演、シンポジウムの記録など、約40編を選び出したものである。

15年間は、研究成果を振り返るのには短い時間であるし、ささやかな研究量でしかないが、記念本の中味を見ると、笑いをまさに「総合的に研究」してきたのだなということが分かる。執筆者は会社員、大学の研究者、医師、大学院生、落語家、作家、クラウンなど多様な職種にわたっている。

「笑いなんて研究の対象になるのか」という不思議な視線を浴びた時から、ともあれ、15年でここまできた成果を世に問うてみたかったのである。詳細にご興味があればどうぞ本をお手元に。読んで笑えるものもあります。Ａ５版ハードカバー、日本笑い学会編『笑いの世紀』、定価税込２９４０円、創元社からの出版です。


（２００９年10月）

人間の基礎力としてのユーモア

「日本笑い学会」の第20回年次大会が、8月30日と9月1日の両日、札幌市教育文化会館で開かれた。北海道では、第5回に開いてから15年ぶりの開催である。私たち夫婦は学会創立以来の会員なので、まさに15年ぶりに札幌の地を踏むことになった。涼しいと思いきや、暑いし雨は降るしで、天候に恵まれなかったが、学会の方は、参加者も発表の数も増え盛況であった。

来年度が20周年記念に当たるので、本大会から「20周年事業」をスタートすることになり、ひとつは「日本の伝統・笑いの行事再発見」事業で、全国各地の行事を会員の手で記録・報告するというもの。ひたつ目は「新・笑いと健康講演会」の列島縦断開催である。両者ともまずは札幌で第1回を開催。それに恒川昌美北海道大学名誉教授（資源リサイクル工学）の記念講演「笑いが育むもの、笑いで育まれるもの」が続いた。

個人発表としては、健康、人間関係、介護、教育、コミュニケーションなどに関するものが多かったが、私は特に恒川氏の記念講演に印象を深くした。その話は、文系・理系・医系の全学の1年次生対象の教育演習で「笑い学のすすめ」を実践した報告であった。その時のテキストとして『笑いの研究』（井上宏ほか、フォーユー、1997年）を使っていたと報告されたが、私はその事実を知らず、今回初めて知って、役に立ったことがとてもうれしかった。昔の札幌農学校の教頭であったクラーク博士の「Boys, be ambitious !」に習って言えば、現在の学生には「Be humorous !」が大事で、ユーモアを心得ることが人間の基礎力を作ると説かれたのに感銘を受けた。

（2013年10月）

追手門学院大学が「笑学研究所」を設立

「日本笑い学会」が1994（平成6）年に誕生して以来、私はどこかの大学に「笑い」の研究所ができないものかと願っていた。関西大学に「人間健康学部」という学部が設立された時に、そのチャンスは訪れたのだが、ついに実現はしなかった。しかし、私は大阪の大学であれば、どこかの大学が作ると思っていた。

10月1日に、追手門学院大学が大学創立50周年を記念して「笑学研究所」を設立し、8日に記者会見を行った。私はその初代所長就任の依頼を受け、坂井東洋男学長とともに記者会見に臨んだ。異色だったのは、追手門学院大学出身の西上雅章氏（通天閣観光社長）が、研究所の特別顧問として出席し、「幸せを運ぶ」ビリケンさんの木像と着ぐるみと共に登場したことだ。そのかいあってか、記者会見は和やかな空気のうちに終了した。

今回の「笑学研究所」は、日本の大学では初めての研究所で、世界の大学にもないと思われる。現代社会では、ストレスや争いごと無しに生きることがますます難しくなる。「笑いの力」はどれだけ認識されているであろうか。ユーモアセンスのある人材をいかに育成するか。新しい課題への挑戦が始まった。（２０１５年12月）

あとがき

私は少年の頃から「笑い」が好きでした。長じて今もなお「笑い」は好きですが、それに加えて「笑いについて」考えることも好きになりました。そして、エッセイを書き、論文を書き、本も出してきました。

私が、「笑い」に関して書いた最初の本は『まんざい——大阪の笑い』（世界思想社、1981年）というもので、45歳の時でした。その時の関心は、どうして大阪の地に「笑いの芸能」が発達を見て、こんなに「お笑い」の好きな人が多いのだろうかということでした。と同時に、大阪から毎年「お笑い」の新人たちが、次から次へと登場するのはどうしてだろうかと思っていました。

私は、大阪の歴史や都市としての発展を調べ出し、大阪の「港湾都市的な性格」や「商業都市的な性格」など、私なりに「笑いの文化」が発達を見た理由を考え、そして『大阪の笑い』（関西大学出版部、１９９２年）という本を上梓しました。

「大阪の笑い」を考えながら、私は「笑う」こと自体は、広く人間に見られることでありながら、地域の風土や歴史、文化の違いによって「笑い」の表出の仕方が違っていることに気がつきました。そして同時に、人間は、人種・民族を問わず、誰でもが笑うのだと思うようにもなりました。

「人間は何を笑うのか」の問いも大事なのですが、それよりも、まずは「人間は笑う存在」と考えることが重要ではないかと考えました。「人類は笑う」わけです。人間のいのちには、「笑う存在」が内包されていると考え、その内包の意味を探ることに興味を覚え出し、私の「笑い学」への旅が始まりました。１９９４年に仲間と共に設立した「日本笑い学会」は、大きな旅への第一歩となりました。

学会発足後、私は折に触れて『笑いは心の治癒力』（海竜社、１９９７年）、『笑いは心を癒し、病気を治すということ』（素朴社、１９９９年）、『大阪の文化と笑い』(関西大学出版部、２００３年)、『笑い学のすすめ』(世界思想社、２００４年)、『笑いの力』(関西大学出版部、２０１０年)などを著してきました。

「笑い学」への旅には終りがなさそうです。まだまだ分からないことがいっぱいあります。

２００８年に、私が住む地元(三重県名張市)のケーブルテレビ会社から、月刊誌の『ケーブルガイド』に、笑いに関してのエッセイを依頼され、月１の執筆で、「井上宏の笑い塾」という題で、その年の4月から連載を始めました。この連載は、途中で標題を変えながら、掲載誌も地元のフリーペーパー『naba』(アドバンスコープ発行)にと代わっていきました。手元に原稿が溜まり、発行元にそれらを単行本にできないかとお願いをしたら、受け入れられて、２０１６年9月に『井上宏の見――つけた笑いとユーモア』が出版され、地元の書店でのみの販売でしたが、２０１８年春には完売しました。しかし、重版とはならず絶版となりました。

私の月１のエッセイ執筆は、その出版後も続いて、２０１８年12月をもって終了しました。書き始めから数えると9年9ヶ月、約10年書き続けたことになります。

この間に書きましたエッセイは、送稿する前に、まず家内に読んでもらい感想を聞いていました。孫と行動を共にしたとき、演奏会や美術館など外に出かけて書いたものは、大体が家内と一緒でした。家内の内助の功に感謝です。

本書の企画は、前掲書が絶版になったことがきっかけで、私は前掲書を編集し直し、文章の加筆訂正も行い、さらに新旧のエッセイを追加し、新装改訂版のエッセイ集を上梓できればと考えた次第です。こうした私の考えを春陽堂書店編集部の永安浩美さんにお伝えしたところ、幸いにもが受け容れて下さることになり、そこから本書の編集が始まりました。

全てがエッセイですから、私自身の見聞や体験を基にして書いています。この自分の直接的な見聞・体験を通して「笑いとユーモア」について考えたことは、とても良い勉強になりました。

長年に渡るエッセイ連載の場を与えていただき、今回既発表原稿の掲載を快く認めていただいたアドバンスコープさんには厚く御礼を申し上げる次第です。全96本の内、次の5本以外は、すべてアドバンスコープ発行の『ケーブルガイド』『naba』誌紙に掲載したものです。

第2章の「おばあさんの笑顔」、第4章の「家族そろっての餅つき」、第10章の「子どものユーモアセンス」、「漫才の「ボケ」と「ツッコミ」」は、『笑い学のすすめ』（世界思想社）からの引用で、第7章の「笑いの量を測る」は『笑いの力』（関西大学出版部）からの引用です。世界思想社、関西大学出版部にもお世話になり、御礼を申し上げます。

新装改訂版を仕上げる労をとっていただいた春陽堂編集部の永安浩美さんには、大変お世話になり深く感謝申し上げる次第です。

２０１９年２月吉日

井上　宏

著者略歴

井上 宏（いのうえ・ひろし）

1936年大阪市生まれ。1960年京都大学文学部卒業。読売テレビ放送勤務を経て1973年関西大学社会学部専任講師として転職。1981年社会学部教授。1985年インディアナ大学客員研究員、1989年フルブライト招聘教授としてロックハースト大学客員教授。1994年総合情報学部に移籍、2003年3月定年退職、4月関西大学名誉教授。
1994年「日本笑い学会」設立、2010年7月まで会長。1999～2002年大阪府立上方演芸資料館館長、1979～2009年大阪市社会教育委員、2015年10月～2016年9月追手門学院大学笑学研究所初代所長、のち2017年3月まで特別顧問、1992～2015年「上方漫才大賞」審査委員長。
現在、一般社団法人生活文化研究所所長、大阪府立上方演芸資料館運営懇話会会長、日本笑い学会顧問。

受賞歴
1995年大阪府知事表彰、1997年大阪市民表彰、1999年文部大臣表彰、2015年瑞寶小綬章。

主な書著
『まんざい』（世界思想社）、『笑いの人間関係』（講談社）、『笑いは心の治癒力』（海竜社）、『大阪の文化と笑い』（関西大学出版部）、『笑い学のすすめ』（世界思想社）、『現代メディアとコミュニケーション』（世界思想社）、『笑いの力』（関西大学出版部）、『情報メディアと現代社会』（関西大学出版部）など

笑いとユーモアのこころ

二〇一九年　三月二五日　初版第一刷　発行

著者　井上　宏
発行者　伊藤良則
発行所　株式会社　春陽堂書店
〒一〇三―〇〇二七
東京都中央区日本橋三―四―一六
電話　〇三―三二七一―〇〇五一
装丁　株式会社　志岐デザイン事務所
印刷・製本　株式会社　マツモト

ISBN978-4-394-90350-5　C0095